卓越

创业者智慧指南

李海峰　毕鸿波　主编

中国·武汉

图书在版编目（CIP）数据

卓越：创业者智慧指南 / 李海峰，毕鸿波主编. -- 武汉：华中科技大学出版社，2025.3. -- ISBN 978-7-5772-1677-5

Ⅰ.F272-62

中国国家版本馆 CIP 数据核字第 20250Y88C6 号

卓越：创业者智慧指南   李海峰　毕鸿波　主编
Zhuoyue: Chuangyezhe Zhihui Zhinan

策划编辑：沈　柳
责任编辑：沈　柳
封面设计：琥珀视觉
责任校对：李　弋
责任监印：朱　玢
出版发行：华中科技大学出版社（中国·武汉）　　电话：(027)81321913
　　　　　武汉市东湖新技术开发区华工科技园　　邮编：430223
录　　排：武汉蓝色匠心图文设计有限公司
印　　刷：湖北新华印务有限公司
开　　本：880mm×1230mm　1/32
印　　张：8.125
字　　数：197千字
版　　次：2025年3月第1版第1次印刷
定　　价：55.00元

本书若有印装质量问题，请向出版社营销中心调换
全国免费服务热线：400-6679-118　竭诚为您服务
版权所有　侵权必究

序言
PREFACE

能有机会协助毕鸿波老师完成这本书的主编工作,要感谢于木鱼老师把我介绍给新励成公司。还要感谢新励成公司的赵璧董事长和其他高管的支持,让我们合作推出了"DISC 沟通教练"的课程。

毕鸿波老师是 DISC 沟通教练课程的认证教练。学完该课程后,他就开始在各校区做关于 DISC 的免费公益授课。后来,他加入了我的畅销书出品人培育计划。**他是真正用 DISC 做好了沟通的人。**仅仅用一天半的时间,他就招募了本书过半的写作伙伴。这和他多年的积累密切相关。

书里很多写作伙伴是新励成的卓越学员。我们把这本书命名为"卓越"。我们不认为卓越只属于某些人,我们相信:**人是万物的尺度,且人人生而不凡。**

我们清楚地知道一个人的卓越不凡无法简单归因,但思路拓展很重要。我邀请你和我一样,**每读完一篇,就用自己的语言提炼出关键点,并且作为自己思考的切入点。**我会在序言的最后,给出我的归纳总结。

我们也知道很多人善于跟人学而不是跟书本学,所以我们让书中所有作者都提供了自己的二维码,你可以扫码添加好友,与他们深度互动。**这样无论是知识的获取,还是社交的需求,都有机会得到满足。**

毕鸿波是畅销书出品人、公益讲师、天津学区房专家。他用自己在全国巡讲的经历告诉大家:勇敢者先享受世界。

张龙是口才培训师、新励成副总。他大声呼吁:让我们一起勇敢一点,表达出来,写下来,让世界更加美好。

赵帅是心理咨询师、新励成年度总裁奖获得者、新励成国贸学训中心10年资深负责人。他认为:当能量到达一定强度时,就会克服能力的小小瑕疵所带来的自卑感,人就会愈发自信!

张荣荣是北京房抵专家、"人生大事抉择与钱的关系"讲师、"DISC性格色彩"讲师。她相信,只要她坚持不懈,就一定能实现自己的梦想,绽放出属于自己的精彩。

孟阳是《卓越》联合作者、新励成脱口秀俱乐部会长、卓越读书会秘书长。她认为：只有行动，才能将梦想转化为现实，将知识转化为力量，将恐惧转化为勇气。

鲁广辉是"告别吼叫，让孩子自动自发成长"的教育理念推广合伙人。他告诉大家，爱是如他所是，而非我愿；爱是给他所需，而非我想。

高爽是慧园商学院联合创始人、教练式赋能心理学专家、中小型组织发展教练。她认为：在生命的路途中，我们每一个人都是一只蝴蝶，经历不断的摔打、历练，赋能成长，向上突破。

司广亮是家庭风险管理规划师、北京中海万悦酒文化发展有限公司总经理、卓越读书会会长。他认为，学会做一条"变色龙"，可以让人生更加多姿多彩。希望大家像他一样，从"社恐"变成"社牛"。

秦婉玲是新励成脱口秀创始人、幼儿教育专家、智慧家教育合伙人。她想说："为学日益，为道日损。"

易成龙是软件行业专家、中级经济师,在金融行业深耕多年。他认为,伴随着年龄的增长,经历得越多,就越会觉得人生如此美妙,也越体会到人生并不仅仅是名、利、权、情那么简单,所以要好好珍惜这一世,活出本自具足的自己。

王利佳是后海银锭桥1/2PM酒吧老板、后嗨传媒文化公司董事长、国瑞呈心理咨询公司联合创始人。她认为:每一次家庭教育的难题,都是一次自我成长的机会。

张洋是中京鑫建(北京)建设有限公司总经理、清芬商学院执行院长、酒店投资人、酒店营建品类资深专家。他认为:生活中的苦难虽然不值得被歌颂,但它们却是我成长道路上不可或缺的一部分。

张秀梅是国际形体设计师、高级营养师、轻读书会会长。她认为:能力固然关键,可形象同样不可或缺。当二者兼备时,你就拥有更强的竞争力。

刘天灿是健康主播、健商教育导师、自然阳光独立服务商。他希望未来我们每一个人都能重新认识自己的身体,真正读懂身体,帮助身体,相信身体!

> 扈筱是软件工程师、心理咨询师、助农协会首席运营官。她想要让人们知道,即使在最黑暗的时刻,也有可能找到光明。

王美博是新媒体运营操盘手、儿童体育教育专家、大学"性格色彩"讲师。他认为:虽然一般来说,能力是可以复制的,天赋是不可学会的,但是他告诉大家,能力可以复制,天赋也可以复制。找到思维模型的底层逻辑,就可以势如破竹,一通百通。

白雪(白明红)是慧园商学院联合创始人、自媒体实战运营专家、《卓越》联合作者。她认为,解锁领导力需要通过自我认知、持续学习和激励他人这三个步骤。

周阳是青年创业导师、高能量疗愈师、硬科技投资人。他认为:创业之路是一条充满挑战与机遇、艰辛与收获的道路。它需要创业者怀揣梦想、坚定信念,具备敏锐的市场洞察力、卓越的创新能力、强大的执行力以及坚韧不拔的毅力。

雷安军是软件工程师、心理咨询师、终身学习践行者。他告诉读者:生活恰似一位公正的裁判,从不会辜负任何一位在逐梦途中奋力奔跑、拼搏不止的行者。

李金鸽曾任职于某500强央企,是儿童阅读指导师、轻读书会执行会长。她认为:生活需要挑战,不给自己设限,这正是她想要的沸腾人生。

张扬邱是人力资源管理师、公益演讲俱乐部会长、助农社群运营创始人。她相信,只要我们心中有爱、有梦想、有勇气,就一定能够创造属于自己的幸福生活!

于东生是房产争议领域专职律师、前银行专职审批人、畅销书联合作者。他告诉大家:人只有拥有清晰而强烈的作品意识,精心打磨作品,注重输出和运用,重视外界的反馈,才能快速改变。

李桐羽是百亿集团公司财务总监、某上市公司董秘、桐羽读书——全民读书发起人。她认为:要想将一份职业做到生命的终结点,必须时刻保持竞争力,去学习最新的知识、最新的科技。

汪伦白是心灵成长导师。他觉得,人生是一场体验,追求的是幸福感和成就感,而幸福感和成就感很大程度上来源于人生中的每一次进步。

序言

王昱琳是新励成脱口秀演员、某舞台剧孙悟空扮演者、《卓越》联合作者。他认为：人生在世，我们要尽可能去体验每一件事，不管什么时候都不算晚。

董若男是心理咨询师、领导力教练、OTD 培训经理。她意识到，真正的突破并不来自外部的改变，而是来自内心的觉醒。

王得蓉是得知蓉言学苑创始人、节能降碳咨询专家、卓越培训讲师。她认为：你的愿力有多大，世界就有多大。

金乐是投资心力学创始人、财经媒体特约嘉宾、易经文化传承师。他告诉读者：光知道道理或者技巧没用，真正做到其实要靠自己的心性和心力。

方兴家是心理咨询师、自由投资人、慧园商学院创始人。他认为：人生匆匆数十载，来的时候两手空空，走的时候必然也两手空空，但他相信，正心正念的精神力量会一直伴随他左右。

李坤淇是空间规划师、卓越读书会学习部长、北京餐行者联合创始人。她想告诉大家，做事之前先做人，不管你的台搭得多高，戏还得你自己唱。

高宇婷是卓越读书会主持人、轻读书会舞台剧演员、脱口秀俱乐部副会长。她意识到：逃避根本不是解决问题的办法。她鼓起勇气，决定再次尝试，她要改变现状。

南逸是尤尼克斯羽毛球专业装备提供商、最具突破导师、畅销书作家。他坚信：只要积极应对，曙光必将出现，正如华为余承东所言："跨越山海，终见曙光。"只要大家齐心协力，努力拼搏奋斗，美好皆会在前方静候大家。

唐开杰是资深银行人、科学发声指导老师、心理咨询师。他认为：内容输出会倒逼输入，促使我们不断学习进步，形成良性循环。如此，既能提升个人IP的核心价值，又可推动其持续进化，成就长久的影响力与品牌效应。

丁慧是装饰公司创始人、设计总监，新励成影响力卓越导师，国学爱好者。她的观点是：只有成为行业第一，才能让别人记住你。

付燕华是俪普颂护肤品牌创始人、汇一登顶生物科技投资人、汇一登顶大健康平台创始人。她始终坚信，只要她坚持不懈地探寻，定能找寻到一条通往健康的光明坦途。

张宇是泰康养老规划师。他认为：我国的人口老龄化越来越严重。时间不一定会成就一位伟人，但是时间一定会造就一个老人，这个是不争的事实。

在我看来，卓越不是灵光乍现，而是永恒交响。

卓越是一种心态。发现卓越的起点是对自我价值的坚定认同。卓越不是遥不可及的星辰，而是内心永不熄灭的火焰。

卓越是一种努力。真正的努力不是盲目冲刺，而是把宏伟蓝图拆解为可触摸的刻度，珠峰攀登者无法一步登顶，但不会停下脚步。

卓越是一种习惯。它在日复一日的轨迹中积累出惊人的势能。那些看似枯燥的重复，终将编织成命运的锦缎。

卓越是一种积累。真正的积累从不是简单的数字叠加，而是像珊瑚虫构筑礁群般，让每个微小的突破都成为文明基座的一部分。在量变引发质变的瞬间，平凡与卓越的边界便会轰然坍塌。

调整心态·付出努力·养成习惯·成于积累。

愿本书伴你踏上征程，让每个当下都成为通向卓越的里程碑，而生命本身，就是最壮美的进行曲。

李海峰

独立投资人

畅销书出品人

2025 年 2 月 14 日

目录
CONTENTS

跨山越海，逆流而上 ... 001
毕鸿波

输出与表达，让世界更美好 ... 008
张龙

追逐光，成为光 ... 013
赵帅

勇敢前行，绽放精彩 ... 020
张荣荣

心灵的觉醒 ... 025
孟阳

自驱成长，开启卓越人生 ... 031
鲁广辉

赋能成长：生命出现奇迹 *037*

高爽

DISC 助我从"社恐"变"社牛" *042*

司广亮

根深才能叶茂，静待生命绽放 *050*

秦婉玲

生而为人，我很高兴 *056*

易成龙

角色的辗转，人生的投入 *061*

王利佳

勇敢者先享受世界 *069*

张洋

梦想启航，绽放光芒 *076*

张秀梅

目录

重新认识自己　082
刘天灿

这是一场摊牌局　088
扈筱

觉醒天赋　096
王美博

三步解锁领导力　101
白雪（白明红）

创千秋智慧城市，铸非凡科技人生　108
周阳

在路上遇见　117
雷安军

100 摄氏度的沸腾人生　125
李金鸽

从坚韧到自我成长的蜕变
张扬邡
132

生命不息，奋斗不止
于东生
139

去远方
李桐羽
148

拒绝摆烂，逆境突围
汪伦白
153

人生在世，体验至上
王昱琳
159

逆境中的自由与超越
董若男
166

逐光之旅
王得蓉
172

目录

财富是能量的显化，无中生有 178
金乐

财富与人生 184
方兴家

借力与依赖 191
李坤淇

勇气 198
高宇婷

跨越山海，终见曙光 204
南逸

从口才蜕变到个人 IP 塑造 212
唐开杰

逆境重生，觉醒之路 222
丁慧

逆境中的华光 *229*

付燕华

向下扎根,向上生长 *237*

张宇

跨山越海，
逆流而上

毕鸿波

畅销书出品人
DISC公益讲师
天津学区房专家

很多人问我为什么要全国巡讲DISC,全国巡讲DISC所带来的好处很多且意义深远,主要体现在以下几个方面。

①普及DISC知识:通过去新励成在全国的一百余家学训中心巡讲,可以向同学们普及DISC性格测评工具的相关知识,让更多人了解DISC理论,明白它在个人发展、团队协作和领导力提升中的作用。

②个人成长与自我认知:参与者能够通过DISC测试和讲解,加深对自己行为风格和性格特质的理解,认识到自身的优势与有待改进之处,从而促进个人成长和职业发展。这种自我认知的提升有助于个人制订更适合自己的目标和策略。

③团队协作与管理优化:DISC巡讲能够帮助企业领导者理解团队成员之间的差异,学会根据员工的不同行为风格进行有效沟通和管理,增强团队凝聚力,提升工作效率和工作满意度。

④招聘与人才匹配:在人力资源管理中,DISC测试被广泛应用于招聘,帮助雇主识别候选人是否符合岗位要求以及看其性格是否能融入现有团队。全国巡讲可以传授如何利用DISC进行精准招聘,降低用人风险。

⑤卓越社团网络构建:巡讲活动也是卓越会会员交流的契机,为交流经验和资源提供了机会,有助于建立更广泛的卓越网络。

"读万卷书不如行万里路,行万里路不如阅人无数。"阅人无数、名师指路,再加上DISC识人术,人生所向披靡。

为什么学习之后要找机会讲?

1948年,济南战役,毛主席任命许世友为总指挥,许世友电告毛主席:"主席,济南城墙太坚厚,请中央调几门重炮来。"主席回复四个字:"中央没有。"许世友又发一份电报给主席:"没有重炮,打不了。"主席继续回复:"打起来就有了。"最后历时8天攻下济南。

如果非要等什么都准备好了再干,那永远也准备不好,因为条件一直在变化。边干边准备,边准备边干。不是先学会了再干,而是干起来再学习,干就是学习。在游泳中学习游泳,在战争中学习战争,同样,在演讲中学习演讲。

2013—2016年,我独自开车去了京津冀至少两百家房产中介机构宣传业务,我应该也是第一个在北京开展天津落户、学区房业务的人,至少在我起步的头两年,没在北京见过同行打广告。因为前期夯实了基础,加上新励成软实力培训机构的卓越课程赋能,我已拿了十余年的销售冠军称号。所以,全国巡讲这件事就不难理解了。在此,我要感谢赵永花校长和张龙老师,上完影响力导师班六天五晚的大课,我才发现原来我是可以面对那么多人演讲8分钟的。现在,我可以讲两天的"DISC识人术"等课程。没有赵永花校长和张龙老师,我是很难开窍的,更不会有今天的巡讲之旅。

我还记得,在2021年华北地区的年会上,我分享时提到过以下两点。

①学习时的痛苦是一时的,学不到的痛苦是一世的。

我们"80后"上初一时学《荀子·劝学》,第一句话就是:"君子曰:学不可以已。"就是说学习是永无止境的。这些年,我到处报名学习,切身体会到软实力的重要性——根基不牢,地动山摇。张龙老师说:"人和人的差距不在于经历了什么,而是在于同样的经历,有的人停滞不前,有的人日益精进。"先完成,再完美,在奔跑中调整姿态。只要行动下去,就一定会有奇迹发生。

②不要停,不要等。

你不要停下来,停下来很可怕,因为你停下来了,但别人都在不断进步。你的朋友在读书,你的闺蜜在减肥……自己强大是解决所有问题的根源,你多一项技能,就少说一句求人的话。投资什么都不如投资自己,每个不起舞的日子都是对生命的辜负。

新励成的董事长赵璧先生在2024年3月方泽军老师的导师班训练营课程上送了我们一本《人性的光辉》,书中讲到用生命影响生命,我瞬间被点醒了。我们在人生的路上,有时候会陷入泥潭中不得动弹,真正能帮助我们的是引领,是激发我们的内在潜能和对生命的渴望!除了别人的引领和唤醒,更重要的是自己的觉知。这个世界没有救世主,能拯救自己的只有你自己。此时此刻,我想起了金雪老师和陈高辉老师的"觉醒生命力量"课程,我感觉它时时刻刻在影响我的生命。徐豪老师的"领导力口才""贵州信念之旅""沙漠领导力"课程,我都参加了。我学习之后,不断突破自我,不断提高标准,不断挑战更高的目标,越来越相信自己会持续变好,成为更好的自己。方泽军老师的导师班训练营让我学到了开设好一门课的四要素:勾、讲、练、化。我付诸实践,让我的"DISC识人术"等课程的内容呈现更加完美。李玉超老师的"人生定位"课程讲的都是干货。听完李玉超老师的课,我顿悟了很多道理,心想自己怎么没有早点遇见这门课,否则可以至少少走十年弯路。吴晓健老师自律、干练,声音浑厚,还会耍双节棍,真是太酷了。邢晓俣老师人美心善,魅力无限,一路讲课讲到了北京大学光华管理学院,好让人羡慕。李欣妮老师,我的老乡,十分优秀。我在长沙开课的时候第一次听她讲课,她的声音很有穿透力,我是在教室外听的。她告诉我一些开课技巧，很实用。于娜老师在课堂上互动很多，特别擅长鼓励同学。孙圣雅老师，模范讲师，妙语连珠，独具匠心。王婧怡老师，歌唱得特别棒，博学多才，也是我的性格色彩老师，我还听过她的星座课。2023年，她拿到了全国讲师技能大赛的冠军。陈粤老师，一路从讲师到加盟中心教学部经理，他培养了众多卓越讲师，帅气英俊又自律，还有腹肌。鲁广辉，"亲密关系"大课的讲师、作家，每次将讲课报酬和版税的10％捐出去……每个老师都有独特的闪光点，他们的共同特点就是积极地帮助我们走向卓越。

在此，我还要感谢在巡讲过程中支持过我的校区负责人和顾问老师，特别要感谢以下几位：

北京徐萌，萌总。

北京国贸学训中心负责人赵帅校长。没有赵帅校长，就没有《卓越》这本书。

北京通州学训中心负责人孙梦竹校长。

北京海淀学训中心负责人苏东北校长。

北京上地学训中心负责人杨洋校长。

北京望京学训中心负责人贾贝贝校长。

天津滨海学训中心负责人甄珍校长。

河北唐山学训中心负责人朱晓如校长。

江西赣州学训中心负责人黄俊梅校长。

湖南衡阳学训中心负责人杨小勇校长。

新疆乌鲁木齐学训中心负责人何灿霖校长。

哈尔滨、长春、沈阳、大连校区投资人连国华连总。

还有很多很多支持过我的老师和同学，因字数限制就不一一赘述了。遇到你们,我很幸运。

  在各个城市奔波,我体会到了导师的艰辛。在分享的旅途中,我几乎时时刻刻都在思考如何让同学们收获更多、学习效果更好。"冰冻三尺,非一日之寒;滴水穿石,非一日之功。"未来我还会面对更大的挑战,突破自我,影响更多的人一起奔赴卓越。

  人生短暂,不妨大胆一点,去攀一座山,追一个梦,爱一个人。

  青春没有售价,卓越就在当下。

人生短暂，不妨大胆一点，去攀一座山，追一个梦，爱一个人。
青春没有售价，卓越就在当下。

输出与表达,让世界更美好

张 龙

口才培训师
新励成副总

因为有你，这个世界多了什么？

如果没有你，这个世界又会缺少什么？

我想这是我们每一个人都应该去思考的问题。

2022年6月，我从广州去乌鲁木齐讲课，在来回10个小时的飞机上，我看完了《穆斯林的葬礼》这本小说。小说的主人公之一叫韩子奇，在他七岁的那一年，他在人生中第一次接触到玉器，从此就被各类玉器的魅力吸引，他的一生一直从事与玉器相关的职业。书中有这样一个片段，他落难以后去国外避难，随身带着他收藏的很多美玉。他朋友劝他卖掉，他坚决拒绝了，并且时不时地向他朋友展示他的藏品。他告诉他的朋友，这块玉是汉代传承下来的，你看它多么的精美；这块玉是从唐代传承下来的，你看它多么的漂亮；这块玉是从宋代传承下来的……就在他向他的朋友展示一块块玉的时候，他朋友说："这些玉根本不属于你，你也无法拥有一块美玉。"韩子奇完全无法理解朋友的意思并提出了质疑，他朋友就向他解释："不是这样吗？老朋友！价值连城的珠宝、举世无双的美玉，今天属于这个人，明天就可能会属于另一个人。千百年来就是这样在人们手里传来传去，每一个收藏者都希望自己是它们的最后一个主人，为了使自己拥有这个权利而互相争夺，从而使它们的身价倍增。而实际上，谁也不是它们的永久的主人，而只是暂时的守护者。玉寿千年，人生几何？高价抢购，精心收藏，到头来却不知落入何人之手！"

这样一个片段让我思考人生在世，究竟要为这个世界做一些什么。我是一个口才培训师，我尝试帮助一些在各自领域取得成功但是不擅长表达的人把自己的想法表达出来，这样做对世界有什么意义呢？

我们每一个人都在不同的领域发光发热，我们都有自己的经验，有自己的心得，有自己的体会，有自己的知识，有自己的智慧，然而这些是我们生下来就有的吗？不是的。它们是学校给予我们的，是父母给予我们的，是老师给予我们的，是社会给予我们的，是行业给予我们的。人类的智慧就像一条长河，经由外界流淌到我们的身体里，所以我们现在所拥有的一切智慧都是属于我们自己的，我们都应该是人类智慧的守护者和传承者，可就像没有人可以永远拥有美玉一样，我们也不敢说今天我们的智慧是我们的。

如果我们每一个人都不能把我们的知识、智慧表达出来，那么人类智慧的长河就会变得越来越窄，最终就会枯竭。人类智慧的长河之所以没有枯竭，还变得越来越宽广，就是因为有很多的人把他们的思想智慧表达出来，写成文章，变成课程，变成演讲，展示给更多的人，让更多的人获得成功。如果我们没有这种输出的意识和能力，那么人类智慧的长河流经我们之后就开始变得越来越窄，我们就是人类智慧长河的黑洞。**人为什么要表达？是因为我们要做人类智慧的传承者**。

著名的企业家曹德旺先生在接受采访时，记者问他，作为一个著名的慈善家，他如何理解慈善，曹德旺先生表示：捐钱捐物其实不能算是大善，这只不过是物质相对富足的人做的一点数字游戏，积一点福德。你能够把你的所学、学习的东西，经常开课给人家讲，帮助很多人走上成功的道路，这比你捐钱更加的好。真正的善是把我们如何成功地做事、做人，总结出来、表达出来，帮助更多的人去获得成功，这才是真正的善。

在从事口才培训行业的十多年时间里，我看到很多的人，因为不会当众表达，错过了很多机会，但是他们在私下里一对一表达时，大部分都是没问题的。明明在台下准备得很好，一上台就紧张忘词，语无伦次。明明私下很能讲，但是上台后就感觉连手都不知道该往哪里放，感觉双手是多余的，眼睛也不知道该往哪里看，整个人都是懵的。面对这样的情况，我们该怎么去破局呢？著名主持人杨澜在一段演讲里面讲过："其实当众讲话并不是一件简单的事情。说到演讲，我们究竟在害怕什么呢？我们害怕自己说错话吗？其实不是的。我们害怕的是别人对我们的评判和反应。别人会喜欢我吗？别人会认同我吗？别人会嘲笑我吗？别人会挖苦我吗？我们担心的其实是这样的一些事情。但是我想说，打动人的永远不是口才，而是你的真心与真情。你在说自己的故事的时候，还有谁能比你更适合当这个方面的专家呢？所以关于演讲，你需要那么一点点勇气，不需要太大，只需要比你的恐惧大一点点。"

无论是从大的层面，能为这个世界带来什么也好，还是从小的层面，能为我们的工作和生活带来什么也罢，输出和表达都是我们需要做的。在所有的输出与表达形式里，写文章出书是让我们的智慧永恒流传与保存的最好渠道。感谢北京卓越的小伙伴们提供这样的机会，让我们能够把自己的心得传播出去。然而无论是什么形式的输出，我们都会有压力，都会担心自己做得不够好。面对压力和恐惧，我们要做的就是大胆地往前走一步，你会发现其实没有那么难。

让我们一起勇敢一点，表达出来，写下来，让世界更加的美好。

面对压力和恐惧,我们要做的就是大胆地往前走一步,你会发现其实没有那么难。

追逐光，
成为光

赵 帅

心理咨询师
新励成年度总裁奖获得者
新励成国贸学训中心10年资深负责人

01
从"混沌"到"清晰"

2011年11月,当时的我刚毕业不久,来到北京成为"北漂"。那时候,我没有背景,没有人脉和资源,尤其在更换过几份不如意的工作之后,更是感觉人生和未来就像雾霾天一样混沌一片。在误打误撞之后,2013年,我来到了培训行业的新励成。在这里,我看到了一些甚至比我还自卑的同学,通过自己的努力和奋斗,后来变得自强、自信,能上台讲课,回公司能做培训师。他们影响了我,我深深地相信自己也是可以改变的!

我开始默默努力,克服恐惧。**没有问题,只有机会;没有过去,只有未来!**同学们持续进步,我也只有不断成长,才能给别人建议和指导,于是,我和这里的同学们一起成长,互相滋养。11年来,我帮助了多少学员进步,就有多少学员的成长故事激励和滋养了我。

未来越发清晰,我要成为终身成长者。

活成一棵大树,向上生长,向下扎根,在沐浴阳光的同时,给人带来些许荫凉。

02
从"西出阳关无故人"到"天下谁人不识君"

2024年7月,毕鸿波导师(同学们都称他为"波哥")发给我一张照片:他白色的小轿车停在一座山下的小木屋旁边,远处的皑皑白雪和山上深绿色的雪松映衬着土黄色的小木屋,给人的感觉非常恬静、舒服。波哥说他今晚就留宿在这里。

我多次收到波哥的各种照片和视频,在其中,可以看到珠海大剧院、广州小蛮腰(广州塔)、湖南橘子洲头伟人像、武汉黄鹤楼、内蒙古大草原、敦煌月牙泉、海子纪念馆、新疆可可托海……他从2024年初开始,从广州的导师班特训营毕业后,开设主题为"DISC识人术"的导师大讲堂,从珠海市开始,一路向北到广州、衡阳、长沙、武汉、石家庄、保定、北京,然后去东三省,再穿过胡焕庸线到达呼和浩特,再一路向西,到甘肃兰州、青海西宁,最后到达距离北京3170千米的新励成最远的新疆乌鲁木齐学训中心(LTC: learning training center)。他一路上除了开车,就是开课,历时三个多月,创造了过去18年以来新励成26万名学员里一次性巡讲时间最久、路途最远、开课次数最多的三项纪录!可以说在体力和脑力上,他都到了极限,在自己的公众演讲能力、授课能力得到很好的锻炼和提升的同时,还给很多听众传授了沟通技巧、识别性格的知识。因此,他到任何一座城市都激情满满,每一场讲座都干货不断!

讲座结束后,同学们会热情招待他,加他微信,和他吃饭、聊天,让波哥辅导性格调整,其乐融融!慢慢地,他真的做到了同学遍天下,让人不禁想到了唐代诗人王维的诗句:"劝君更尽一杯酒,西出阳关无故人。"阳关位于河西走廊的西端,是陆上丝绸之路的重要关隘,位于甘肃敦煌,而波哥已经穿越甘肃,到达了乌鲁木齐。他没去过的地方,已经有一大群热情的同学等着听他的课,他做到了"莫愁前路无知己,天下谁人不识君"!

03
互相赋能，愈发自信

2024年8月22日，我正在国贸学训中心坐班，突然刘珊（同学们称她为"珊姐"）带着一位朋友光临。我不认识这位朋友，过去打了招呼之后，珊姐说这两天她们一起去爬了长城、吃了北京烤鸭，还去了寺院静心……珊姐让我猜这位朋友是谁，可是我真不认识。

珊姐说："这是咱们新励成福建泉州学训中心的卓越读书会会长晓荣同学，我们现在是好朋友！"

我说："啊，你们是怎么认识的？"

晓荣会长说："我们在一起上课学习的时候认识的呀，来自全国各地卓越读书会的同学能量都很强，课上学习，课下一起聚餐，现在都是好朋友了！"

确实有很多来自全国各地卓越读书会的同学，有的春夏季在哈尔滨、沈阳学训中心学习，秋冬季去海南学训中心上课，在新的地方迅速认识了一群新的同学，大家在一起学习"当众讲话"，然后通过导师班的学习，在掌握给人培训的能力之后，开讲、分享、互相赋能。当然大家在台上的表现不一定都完美，能力也不一样，但是这样长期下来，积攒的能量都很强。**当能量到达一定强度时，就会克服能力的小小瑕疵所带来的自卑感，人就会愈发自信起来**！

04
追逐光,成为光

记得有一次听北京卓越读书会会长司广亮同学做这些年自己成长经历分享,他提到了一首对他影响很大的诗——《用生命影响生命》,来自印度著名诗人泰戈尔。

把自己活成一道光,因为你不知道,谁会借着你的光,走出了黑暗。

请保持心中的善良,因为你不知道,谁会借着你的善良,走出了绝望。

请保持心中的信仰,因为你不知道,谁会借着你的信仰,走出了迷茫。

请相信自己的力量,因为你不知道,谁会因为相信你,开始相信了自己……

是的,我们要让自己"活成一道光",分享知识,能量满满,因为说不定你的哪句话就会让接触你的某个人的生命开始发生悄然的变化。

中国中小企业的平均寿命约为2.5年,但新励成从2005年成立以来,已经度过了19年,这跟新励成的企业文化"成就个人,幸福家庭,和谐社会"息息相关。我很庆幸能影响各位导师,卓越的导师们在学习知识和经验之后,热爱分享和奉献,帮助了一批又一批同学,影响了一座又一座城市,大家都在变得更加美好!

奋斗的诗篇,一笔一画都是收获;漫长的征程,一朝一夕都是精彩!我们每个人都讲起来、动起来,背朝灯火,面朝星光,用平凡诠释非凡,用行动谱写伟大!

追逐光,成为光!

追逐光，成为光！

勇敢前行，
绽放精彩

张荣荣

北京房抵专家
"人生大事抉择与钱的关系"讲师
"DISC性格色彩"讲师

我的二十多岁，那可真是充满波折。当初满心欢喜地买下两套河北的房子，单价为12000元每平方米，总价差不多200万元，贷款就有140万元。可如今，房子单价跌到可怜的3000多元，能卖个五十多万元都算不错了。算下来，要是卖了房子还得倒贴90万元。这要是换作心理承受能力差的人，估计早就崩溃了。说到这儿，我就不由得想起一些让人唏嘘的事儿。这几年，我知道好几个人因为欠了几十万元就绝望地跳楼身亡了。反观我自己，负债累累，收入也远不如从前，我在2024年7月还毅然决然地花10万元报名课程，后来甚至提出离职。我怎么就这么勇敢呢？因为我会自我"洗脑"。最近我才开始总结这个特质。

　　就像上次在井冈山游学结束后去昆明玩滑翔伞，那场面我现在想起来还激动不已。同一趟航班的男同学一脸担忧地问我："怕不怕？"我毫不犹豫地大声回答："只有激动、兴奋，啊啊啊！我太兴奋了！"接着，我一个人租车自驾到基地，基地教练看着我，也问了同样的问题。当被告知马上就要飞了，我微微一怔，稍做考虑后坚定地说："太期待了，兴奋，激动！"那一刻，我疯狂地自我"洗脑"，告诉自己这是人生难得的体验，想飞就飞，尽情去体验多姿多彩的人生。

　　其实啊，我并非生来就如此勇敢。小时候，我就经历了一场生死考验——误食了能吃死人的药，那滋味可不好受。至今我还记得插胃管洗胃的痛苦经历，那情景仿佛就在昨天。刚过春节，倒霉的事儿又发生了，我的胳膊摔断了，没接好，现在还留下一些问题。二十岁不到，我再次进了医院，医生一脸严肃地让我叫家属来签免责书，我当时真的吓坏了，心都提到了嗓子眼儿。

　　二十岁之前的这些经历，让我多年来都处于对意外的深深恐惧之中。那我是从什么时候开始变得越来越勇敢的呢？回想起来，大约是从我咬咬牙走出舒适圈卖房子开始,飞速成长期是做金融贷款,也就是在这个时候,命运的齿轮开始缓缓转动了。

刚入行的时候,有一次在公司放款前一小时,我突然发现合同签错了。那时候的我正发着高烧,脑袋昏昏沉沉的。公司每天放款一亿元,后台人员忙得不得了,根本没人能帮我找客户补救。我心急如焚,急得像无头苍蝇一样在办公室里团团转。一想到客户那焦急等待的模样,我咬咬牙,顶着高烧,一把抓起合同就冲向门外去找客户重新签。一路上,我不停地给自己打气:"我一定能做到,不能让客户失望。"风呼呼地吹在脸上,仿佛也在给我加油。最后,当天顺利放款,我这才松了一口气,脸上露出了欣慰的笑容。**这件事让我明白,只要有责任心,再难的问题也能解决**。我也学会了用积极的自我暗示来"洗脑"自己,让自己变得更强大。

曾经有个客户让我帮她表弟做信贷,我一看情况就知道做不了,苦口婆心地跟她解释了半天,可她就是不听。最后她还是给表弟做了担保,她接到追债电话的时候,才后悔没听我的话,悔恨自己做了贷款人。这就是臭名昭著的 AB 贷。我始终坚守原则,不会为了一时利益违背职业道德。我时刻提醒自己:"坚守原则,才能走得更远。"这种自我提醒也是一种"洗脑"方式,让我在面对诱惑时保持清醒。

有一个垫资过桥的客户,一笔业务用两套证件,瞒天过海地用了两家公司的钱,其中一家就是我们公司,到现在还是坏账。我一直在想办法解决,虽然还没结果,但我相信只要不放弃,总会有办法。**我告诉自己:"困难只是暂时的,坚持下去就会有转机。"这种积极的心态让我在困境中依然充满希望。**

这些经历让我在贷款行业不断成长,不仅开阔了眼界,见过形形色色的人、各种离奇的事,还让我拥有了很多刺激的体验。现在的我,健康,自信,有勇气。

离职后的我准备继续在金融领域深耕,目前已经有三家公司邀请我去做合伙人。我相信,未来我会用上最近学习到的软实力,让我的成果更多。我会继续用自我"洗脑"的方法激励自己,勇敢地面对生活中的各种挑战。

总之,我会一直保持这份勇气和自信,不断地自我"洗脑",让自己变得更加优秀。我相信,只要我坚持不懈,就一定能实现自己的梦想,绽放出属于自己的精彩。

我相信，只要我坚持不懈，就一定能实现自己的梦想，绽放出属于自己的精彩。

心灵的觉醒

孟 阳

《卓越》联合作者
新励成脱口秀俱乐部会长
卓越读书会秘书长

大家好，我写这篇文章不仅仅是为了分享我的故事，更是为了传递一个信念：**自信的核心是行动**。我是一个执行力很强的人，这是我在新励成获得的宝贵财富。让我带您回到2023年11月份，那时出现了我人生的一个转折点。

那时，我满怀希望地等待着晋升的机会。大家都知道，只要在上级领导的检查中汇报出色，晋升的机会就非我莫属。我准备充分，汇报稿背得滚瓜烂熟。领导也对我寄予厚望，拍着我的肩膀说："就是你了。"然而，当十多位领导站在我面前时，我紧张得一个字也说不出来。尽管领导们鼓励我，让我不要紧张，但我最终还是没能说出一个字。我失去了晋升的机会，遇到了我人生的一个重大转折点。

那天晚上，我在网上找到了新励成。第二天，我就准备加入这个大家庭，我报名了当众讲话、心理素质和实战演讲三门课程。在短短几个月的时间里，我学到了许多演讲技巧，比如"称、迎、重、人、请""场、意、举、贺、干"等。我发现自己有所改变，但这并不是我想要的全部，或者说，我想要的远不止于此。

直到2024年3月份，我上了花校的"花言巧语"课程。当我听到花校的经历时，我深受触动，意识到这就是我想要的——成为像花校一样的人，不惧怕未来，勇敢前行。花校在课上的一句话深深打动了我："怕但要做，怕就是机会！"听到这句话后，我问自己："孟阳，你怕站上舞台吗？"我回答："怕，但我还是要站上舞台，因为我不想失去机会。"现在，我已经不怕了，我享受舞台、热爱舞台。花校的这句话已经深深植入我的脑海，成为我的信念，我也希望大家能记住这句话："怕但要做，怕就是机会！"

报名花校的课程后，我立刻开始了大课的学习。首先是领导力口才课程,这是一个充满激情和挑战的课堂,是锻炼团队管理能力和克服恐惧的绝佳场所。我是在课上第一个挑战晓健老师的人。在这里,我体会到了"压力就是能量"的真谛,这句话也成了我的信条,让我敢于直面压力。

在 2024 年的五一假期,我上了影响力导师班课程。来自全国各地的 120 位同学汇聚一堂,我感受到了大家对舞台的渴望。张龙老师教会了我们"觉知"和"萃取"。觉知,就是感受当下;萃取,就是将我们多年的工作和生活经验提炼出来,传授给他人。在课程的最后一天,每个人都需要进行 8 分钟的演讲。我是倒数第二个上台的,我从前一天就开始准备,直到当天晚上,我紧张得不得了,但我还是完美地完成了 8 分钟的演讲,并被评为最具影响力导师。

上完导师班课程后,每个人都需要开设一门 30 分钟的课程。我也不例外,我与卓越读书会的会长和副会长一起开设了一个教育专场,我讲的主题是快速阅读。快速阅读不仅能节省时间,还能提升记忆力和理解力,这就是它的好处。我不仅在国贸校区开设了课程,还在上地校区开设了一个两个小时的专场,同样主讲快速阅读。

作为卓越读书会的秘书长,我参加了许多读书会的活动。在第 26 期,我带领大家阅读了《我的阿勒泰》这本书。在第 27 期,我是值班会长,统筹组织了整场活动。同时,我还是脱口秀俱乐部的会长,我们正在组织年底的脱口秀大会。对脱口秀感兴趣的朋友们,可以联系我。此外,我还参加了演讲俱乐部的活动。这些活动锻炼了我的表达能力、沟通能力和组织能力。我希望大家都来参加我们的活动。

我还加入了万悦跑团,我们经常在各大公园举办跑步活动,旨在增强体质、锻炼意志。同时,我也热衷于健身和打羽毛球。我投身于多样化的活动中,正如张龙老师所倡导的,我们应该努力成为德、智、体、美、劳全面发展的社会主义新青年。

最让我为之骄傲的是前不久,测绘院组织了一次演讲比赛,他们书记请我去给三位朋友培训。我用我在实战演讲课上学到的东西给他们定制了个性化的课程,最后他们没有让我失望,冬冬同学获得了演讲比赛的二等奖,赵柏林同学获得了三等奖。这是对我学习成果的最好检验,也让我学以致用。

同学们,还是那句话:**"怕但要做,怕就是机会!"** 最后,我想说,为什么我能如此自信?因为自信的核心是行动。请同学们行动起来吧,勇敢地站上舞台,在舞台上找到更好的自己。

我深刻体会到,每一次尝试都是一次自我超越的机会。我们常说:"机会总是留给有准备的人。"但我认为,机会更是留给那些敢于行动的人。**因为只有行动,才能将梦想转化为现实,将知识转化为力量,将恐惧转化为勇气。**

我记得有人说过:"成功的秘诀在于每天都比昨天更努力。"我深信这一点。每一天,我都告诉自己:不要害怕失败,因为失败只是成功的垫脚石;不要害怕挑战,因为挑战是成长的催化剂;不要害怕未知,因为未知是探索的起点。

我想与大家分享一句话:"不要等待机会,而是创造机会。"我们每个人都有无限的潜力,关键在于我们是否愿意去挖掘和利用这些潜力。当我们勇敢地迈出第一步,我们就会发现,原来自己比想象中要强大得多。

在这个快速变化的时代,我们不能坐等机会降临,而是要主动出击,去创造属于自己的机会。记住,每一次尝试,无论成功与否,都是通往成功的必经之路;每一次失败,都是对自我能力的一次提升。

最后,我想用一句话来结束我的文章:"行动是成功的阶梯,勇气是攀登的第一步。"让我们一起行动起来,勇敢地追求自己的梦想,在舞台上找到更好的自己。

让我们一起行动起来，勇敢地追求自己的梦想，在舞台上找到更好的自己。

自驱成长，
开启卓越人生

鲁广辉

"告别吼叫，让孩子自动自发成长"
的教育理念推广合伙人
推动教育恢复正常，引领行业健康发展

大家好，我是鲁广辉。前些年疫情，不知有多少孩子在上网课期间与家长的关系紧张甚至破裂，我家也没能幸免。出现问题就是我们成长的机会，我开始思考：这是哪个环节出现了问题？就在我迷茫无助的时候，我从周末爬山、跑步，下班喝酒、打牌的生活当中走了出来，开启了成长蜕变之路。第一门课程是学习人与人之间沟通的技巧，当时有幸学习了DISC性格理论。我通过学习得知，就像世界上没有两片一模一样的树叶一样，每一个人的性格都不同，因此我们不能要求孩子按照我们的标准去成长。父母的认知思维决定着孩子的上限，我们的成长环境又决定了我们的认知思维，现在孩子的成长环境已经有了翻天覆地的变化。我们每一位家长都爱孩子，但能够保持长期稳定的关系不是只靠很强烈的爱、大量的付出就能做到的，还需尽可能少的约束和不要强人所难。**爱是如他所是，而非我愿；爱是给他所需，而非我想**。懂是爱的前提，感受不到的爱都可能是伤害。

家庭关系处理不好，所有的愤怒、指责都是对当下问题无法解决的表现。问题的解决方案来自认知，提高认知的唯一方法就是自我学习成长。一般人苦思冥想的顿悟，其实只是专家的基础常识，所以我感谢自己生活在这个知识付费的年代，我在学习成长的过程当中，找最好的机构、最好的教练来进行信念的植入、认知的提高、思维的改变，把一切落实到实际行动中去，学到的只是知识，运用出来的才是智慧。

改善关系就要做好情绪管理。情绪管理首先要做到的就是保持觉知，我们时时刻刻都要觉察到我们的情绪是在发生变化的，同时永远有一个正向的信念——"凡事发生必有利于我"。2023年暑假，16岁的儿子来北京一家酒店餐饮部实习。两天过后，孩子脚肿了,疼到难以入眠,当他告诉我:"爸爸,我实在坚持不住了,不想干了。"我完全接纳了他的决定。儿子在家休息一周之后,还是躺在床上打游戏、刷视频,我按捺不住不安的情绪,和孩子说:"儿子,你不要忘记来北京的初心,我觉得你还是应该再去找份暑假工来磨炼一下自己。"这个时候,孩子回答道:"你要是嫌我烦,我现在就离开北京,再也不来了。"当我听到这句话的时候,我十分生气,但我第一时间觉察到内心的情绪,瞬间转念想道:儿子从小没有得到我的陪伴,这次暑假他来北京,不就是我陪伴孩子的最佳时机吗?当我有了这个念头之后,在接下来的整个暑假,我每天早上起来给孩子做饭,晚上下班的第一件事还是给孩子做饭。我们一起吃完饭,再去上课。儿子渐渐变得懂事了,每天晚上吃完饭之后,都会主动把厨房收拾得干干净净。就这样,儿子在北京度过了一个美好的暑假。当我们在车站分别的时候,儿子说:"爸爸,这是我度过的最开心的一个暑假。"听到这句话,我瞬间热泪盈眶。**先处理心情,再处理事情,关系大于一切。**

  2024年8月30日,儿子来北京中转去哈尔滨上大学。当天下午六点多,在接到儿子后,我带他参加了一个晚宴。在晚宴上,儿子和我一起向大家敬了酒。放在半年前,我是不敢奢望儿子和我一起参加晚宴的。第二天,我在家亲手给儿子做了晚餐。儿子说:"爸爸,你做的晚餐不太合我的口味。"我说:"儿子,我知道你的厨艺特别好,每次妈妈下班了就能吃到你做的美味佳肴。要不这样,明天你给老爸做一顿饭,让老爸也享享口福。"儿子说:"没问题。"第二天早上,我就按照儿子的菜单去市场采购了食材。当我下班回到家的时候,儿子已经在忙碌地做晚餐了。在香喷喷的菜肴被端上饭桌后,我开心极了,每吃一口都赞不绝口。我们要看见家人的付出并表达爱和感谢,因为人性喜欢被赞美、被肯定,讨厌被忽视、被指责。第三天,儿子和我一起参加了一次聚餐。在聚餐的过程当中,儿子看到了妈妈发的他在家亲自养大的金毛(葫芦)的视频,他的眼泪在眼眶中打转。我看到这一幕,体会到了他内心的难受,对他说道:"儿子,我感受到了你想念葫芦的情绪,我知道你是一个非常有爱心、愿意为生活付出的男子汉。难受就哭出来吧,换作是我,也许会更加难受,早就放声大哭了。同时,请你放心,妈妈在家一定会好好照顾葫芦的,我和妈妈都和你一样喜欢葫芦。"人在情绪波动的时候,需要的是别人理解自己的感受而非讲道理。

在短暂的停留后,我们共同踏上了去哈尔滨求学的列车。到达哈尔滨的第一天,我们顺利完成了入学手续的办理。接下来,我和儿子一起逛了中华巴洛克、防洪纪念塔、滨州铁路桥等景点。晚上吃饭的时候,我建议吃一份正宗的锅包肉,儿子看了看,最后选了一家铁锅炖。这一系列安排都是儿子拿着手机导航,为我指引路线,我向他表示了感谢。很多家长在出去游玩的时候,会因为一顿饭吃什么、玩什么和孩子争得不可开交。孩子有自己的想法,父母就指责孩子不尊重自己;孩子乐于助人,父母又担心孩子吃亏上当。许多孩子并非没有选择的能力,而是没有选择的权利。**人生就是一个体验的过程,剥夺了孩子选择的权利,就等于剥夺了孩子体验的权利。**

陪伴是最好的爱。由于生活和工作的原因,我和老婆两地分居。2023年11月,我给自己定下了一个规矩:每个月必须抽出一个周末,回家陪伴家人。我深知老婆一人在家,既要照顾父母,还要照看孩子,实在太辛苦了。在这里,我要向老婆说一声:"老婆,辛苦了,我爱你。"高质量的陪伴要保持专注,回到家里,我会特意把手机放在不容易拿到的地方,和老婆一起做家务,手牵手散步,并主动做饭,让她享受一下被爱的感觉。

现在,我们一家四口分别在四个城市。每天早上,我们会通过微信彼此问候及迎接美好的一天,还会分享跑步数据。我们从之前的指责、抱怨到现在的互相鼓励,用赞美滋养彼此。

性格不同,每个人需要被爱的方式就有所不同。在工作当中,我根据不同领导的性格,采取不同的汇报工作的方式。用领导喜欢的方式进行工作汇报,大大提高了工作效率,避免了不必要的内耗。

在这两年多的成长过程当中,我不断地把我自身的经验分享给身边的人,谨记老师的教导:"人活着最大的意义莫过于用生命影响生命,做到开口必助人。"未来,我在家庭教育这条道路上,会以帮助更多的家庭走向幸福美满作为人生使命,不断深耕探索。

最后,祝愿天下所有家庭了解性格分析,共创美满幸福生活。

人活着最大的意义莫过于用生命影响生命，做到开口必助人。

赋能成长:
生命出现奇迹

高 爽

慧园商学院联合创始人
教练式赋能心理学专家
中小型组织发展教练

生命是一种奇迹，成长更是一种奇迹。 在成长的过程中，我们经历了痛苦，也享受了快乐；我们体验了失败，也收获了成功。在这个过程中，我们不断积累经验，不断充实自我，不断向前迈进。这种不断向前迈进的力量，就是成长赋能。

一只美丽的蝴蝶在空中翩翩起舞，舞姿活泼轻盈，像在跳一支美丽动人的芭蕾舞！跳完舞后，蝴蝶开始繁衍生命，将一粒粒卵产在树叶、枝头。卵中有营养，空间足够，小小的生命开始成长。随着时间的流逝，卵中丰盈的营养快没有了，物质面临生命的低谷，坐以待毙的话，卵只能走向无边的黑暗与生命的终结。卵没有选择沉沦，而是在汲取为数不多的营养后，积蓄能量，靠着顽强的生命力最终破壁而出，变成了一条可爱的毛毛虫，完成了第一次赋能成长的自我超越！毛毛虫没有食物，于是把卵壳当成自己的第一顿大餐，积累了能量。

破卵而出，毛毛虫不断积累能量。毛毛虫要适应这个世界，勇敢向前。毛毛虫进食大量的树叶，积累了大量的能量，最后编织蛹壳，把小小身躯缩进蛹中。在蛹内，毛毛虫进行修炼，不惧苦难，最终破蛹成蝶，完成一次完美的赋能超越。蝴蝶拍动着美丽的翅膀，翩翩起舞，成为大自然一道美丽的风景线，创造生命奇迹。

蝴蝶一边飞出美丽舞姿，一边播散粒粒蝶卵，延续生命。虽然蝴蝶只有短短几个月生命，但是它一生可以播散几百上千粒蝶卵。这就是蝴蝶的一生，它创造了生命的奇迹！

蝴蝶一次次的突破，就是一次次的赋能成长。

在生命的路途中，我们每一个人都是一只蝴蝶，经历不断的摔打、历练，赋能成长，向上突破。

我是赋能成长的受益者。我是一个天生残疾的女孩，生在一个充满爱的家庭里。在我 14 岁以前,爸爸妈妈、外公外婆、爷爷,还有小我 1 岁的妹妹,把所有的爱都给了我。小时候,我是一个开朗、爱笑、十分聪明的孩子,学习成绩非常拔尖。在我们那个小小的村庄中,留下了我十分快乐的童年。爱和快乐似乎掩盖了我是一个残疾人的事实。

随着时间的流逝,我慢慢长大,要离开熟悉的小村庄,去镇上读中学。在一个全新的环境,我面临全新的挑战。

我的自信、快乐在我 14 岁上中学的第一天消失了。那会儿我成绩不错,在全镇排第二名,我被分到了六班。很多同学对我都是未见其人就先知其名,当我高兴地走进教室的时候,我就听见有些同学窃窃私语:"那就是高爽,咱班第一,她怎么一瘸一拐的?"听到这句话,我的心就像被一把尖刀狠狠地划了一刀一样,我整个人都麻木了,大脑一片空白,我内心突然冒出一个声音:"高爽,你和别人不一样,你是一个瘸子,是一个残疾人。"从那以后,那个曾经自信爱笑的姑娘消失了,取而代之的是一个内向、自卑甚至走路都不敢抬头看人的人。初中三年,操场上没有我活动玩耍的身影。体育课上,我永远请假,坐在角落默默地看着其他同学活动。在教室里,我减少站起来走动的次数,因为只要站起来,我就感觉自己是个瘸子,会被人嘲笑。

就这样,我郁郁寡欢地度过了人生中本应最美的初中三年,终于上了高中,我心想,进入一个新的环境,认识新的同学和老师,我可以重新开始,我对未来充满希望。

但是,命运好像早早被安排好了一样,一样的历史再一次重演。

我上高中的第一天,走进崭新的教室,早早地坐在我的座位上。不久,我的同桌也坐了下来,我俩非常开心地做了自我介绍,开心地成为高中同学。过了大概 5 分钟,我的同桌突然问我:"高爽,你的腿怎么了?"

听到这句话,我的内心又出现了那个声音:"高爽,你果然是个残疾人,你真的跟别人不一样,你改变不了这种命运安排。"就这样,我高中的三年也是在自卑、内向中度过的。在高考报志愿的时候,我因为腿的问题,很多专业报不了,我特别想成为一名老师,但是我的体检通不过。那会儿,我感觉我被歧视了,受到了不公平的待遇。

虽然后来我顺利地走进了校园,开始了新的生活,顺利毕业,参加了工作,我也似乎习惯了别人问我:"高爽,你腿怎么了?"但是,内心深处还会有一个地方不愿被触碰,就是我和别人不一样。

一路坎坷曲折,但我从未放弃过自己,不断地突破,探索前行。在十年前,我接触了成长赋能,开始学习心理学、人力资源管理学。在学习的过程中,我把心理学和管理结合到一起,开始学会真心接纳自己,并相信一切都是最好的安排,开始学会转念,爱上自己。我慢慢地走了出来,慢慢地成长,慢慢地强大起来。内在赋能给信念、给身份,外在赋能给方法、给自信、给勇气……慢慢体会成功的感觉。**这种成功的喜悦,让我一点一点找回自己丢失的自信。**

这种成长突破就像蝴蝶一次次冲破茧的束缚,最终破茧成蝶。在成长的过程中,我也帮助了很多像我一样有心结的人,最后破茧成蝶,就像蝴蝶播散蝶卵一样,不断传播这份能量、这种自信、这份勇气,绽放精彩的人生。

生命是一种奇迹,成长更是一种奇迹。人生不如意十之八九,风风雨雨是常态,风雨无阻是心态,风雨兼程是状态,让我们时刻保持赋能成长的状态,随时随地突破自我,随时随地赋能自己和他人,让赋能成为习惯,让成长成为习惯。

生命是一种奇迹，成长更是一种奇迹。

DISC助我从"社恐"变"社牛"

司广亮

家庭风险管理规划师
北京中海万悦酒文化发展有限公司总经理
卓越读书会会长

大家好，我叫司广亮，是一名保险经纪人。除此之外，我还有其他几个标签：北京中海万悦酒文化发展有限公司股东、卓越读书会会长、万悦跑团团长、"青年说"全国演讲大赛评委、人民大会堂活动主持人。

看到这些标签，你恐怕很难想象我第一次做 DISC 性格测试时，有 18 个 S、6 个 I、4 个 C、2 个 D。这样高 S 性格的我，不应该是一个非常内向、"社恐"的人吗？怎么能做销售工作，又怎么能够运营这么多社群，有这么多跟演讲相关的标签呢？

请您带着这个疑问，来听听我的故事。

01
高 S 性格的形成

小时候的我多才多艺，是小伙伴眼里的小明星。在那个没有电子设备的年代，小伙伴们经常缠着我，让我给他们唱歌、讲故事。这个时候，就是我最开心、快乐的时候。如果生活一直这样下去，我想我会成为一个高 I 性格的人。不过我有一位很严厉的父亲，喝了酒之后，爱发脾气，这让我非常恐惧、胆小。上学之后，因为胆小、软弱，我还曾经遭受校园暴力，就这样，我的 I 特质变得越来越少，S 特质越来越多，我变得越来越内向。

大学毕业之后，我来到北京工作，第一份工作是做助理，这份工作与我的 S 特质比较契合。那时候，我的工作内容都是服务性质的，比如帮领导和同事订饭，整理大家的工作汇报材料和财务报销等等。我在做这些工作的时候很细致，而且经常热心地帮大家做很多额外的事情,所以我的人缘非常好。

　　同时,我有时候也会因为不懂得拒绝别人而委屈自己。有一次周末,本来是另外一个同事值班,他让我帮忙替班。虽然那天我安排了其他事情,但是我不好意思拒绝他,于是那天我同时做两件事情,导致工作上出现了失误,被领导批评。

　　后来我的工作内容发生了变动,从助理岗位转到了市场部。因为有几个项目做得比较出色,在部门发展壮大的时候,我被提拔为团队长,这让我被迫从我的"舒适区"一下子来到了"困难区"。

　　对于高S特质的人来说,带团队是一个巨大的挑战。因为高S特质的人缺乏自信、威严,以前我是为他们服务的,现在一下成了他们的领导,他们心里不服气。我们团队有个女孩,经常迟到,有一次开会的时候,我批评了她,她当着所有人的面跟我吵了起来。高S特质的人是最害怕起冲突的,我说不出话来,最后被气哭了。

　　还有一次,我得到一个向集团最高层领导汇报工作的机会,从小就害怕权威人物的我,紧张得几乎一整晚都没有睡着。第二天开会,还没到我发言的时候,我的心已经快要从嗓子眼里跳出来了。最后轮到我的时候,突然我的大脑一片空白,什么也想不起来,整个会议室的空气就这样尴尬地凝固了。那几十秒是我这辈子过得最漫长的时间,我恨不得找个地缝钻进去。就这样,一次很好的展示机会被我浪费了。经过这些事后,我产生了深深的怀疑,有时候我感觉同事们都在偷偷议论我,到处都是同事们的白眼。那段日子,我最害怕的就是公司开例会的时候,往往整个会议期间都一言不发,整个人状态非常差,不愿参加社交活动,变得更加"社恐"。

02
遇到 DISC

在这样的人生低谷期,一个偶然的机会,我知道了一家软实力培训机构,于是毫不犹豫地报了名。因为我知道学习的痛苦是一时的,学不到的痛苦是一世的。**这样的苦我已经吃够了,我想换一种活法**。

正是在这里,我学到了 DISC 性格色彩的课程。在这之前,我一直认为一个人的性格是天生的,很难改变。就像我,天生就是一个内向、脾气温和的人,这样性格的人是做不好团队领导的。我也把之前遇到的挫折都归咎于我的性格,所以导致我越来越封闭,钻牛角尖,走不出来。学习了 DISC 课程之后,我知道性格没有好坏,每个人都具备四种性格特质,每种特质都有自己的优势,每种特质过多都会有负面影响。我们通过学习,可以根据不同的环境和情景,提升需要的性格特质,这就是所谓的"变色龙"性格。

当我学了这些知识之后,真有一种醍醐灌顶的感觉。我一直被自己关在用"内向"这个词打造的钢铁牢笼里,不得自由,而 DISC 课程让我瞬间打破了这个牢笼,我呼吸到了久违的自由的空气,我感觉浑身充满了能量。

这里的课程非常丰富,想提升 D、I、S、C 里任意一个性格特质,都有对应的课程。在上课的过程中,我的 I 特质首先被激发出来。只要我一站上舞台,全场都在我的掌控之中。我发现我非常享受在舞台上的感觉,仿佛一下子找回了小时候很多小伙伴听我唱歌的那种感觉。

03
DISC 助我成为"社牛"

我好像打开了一扇新世界的大门,我开始参加演讲、主持、脱口秀、讲课等等各种活动。2021 年,我进入全国演讲大赛前十名;2022 年,我参加两次脱口秀比赛,分别获得冠军和亚军;2023 年,我被邀请担任《中国青年报》"青年说"全国演讲大赛评委,多次主持五百人大会,还走进人民大会堂主持大型活动……现在,我再跟别人说我是一个"社恐"的人,所有人都会露出难以置信的表情。

除了 I 特质被激发出来之外,就连我以前最缺乏的 D 特质也得到了非常大的提升。在我学习相关知识之前,我最缺乏的就是领导能力;学习之后,我被大家推举担任了演讲俱乐部会长、卓越读书会会长、万悦跑团团长。在组织社团活动的时候,我将在 DISC 课程学到的内容运用到实践中,收到了非常好的效果。在社团的发展方向上,我把 D 特质调出来,让自己更有目标感,行动力更强;在社团活动的品质把控上,我把 C 特质调出来,对每一个细节都严格把控,所有参加活动的伙伴都感觉我很专业、很用心;在活动和聚餐的环节,我会把自己的 I 特质调出来,通过主持、表演才艺来活跃现场气氛;而平时,我会时刻发挥自己的 S 特质,关注每一位会员,看到大家的成长,第一时间在群里鼓励大家,给大家足够的情绪价值,让大家产生归属感。

我在 DISC 课程上的收获远不止这些,除了更了解自己的性格特质,随时调整自己的性格之外,更重要的是可以很快识别他人的性格特质。比如在运营各个社团的过程中,我会根据大家的性格特质来匹配岗位。高 D 特质的人做小组长,负责激励小组其他成员拿到成果;高 I 特质的人负责创新,提供新奇的想法;高 C 特质的人负责活动流程和活动质量把控;高 S 特质的人负责后勤及服务工作。

再举个读书会的例子。在读书会刚刚成立的时候,我们面临许多困难,如微信群不活跃、游学场地难找、招不到新会员、活动形式单一等等,于是我们根据大家不同的性格特质来进行分工,发挥每个人的长处,规避短板。高 D 特质的同学运用自己的社会资源和人脉帮我们对接游学的公司,利用自己的影响力帮我们介绍新的会员;高 I 特质的同学出主意,制订创新玩法,比如把每人分享一本书改为共读一本书,还在读书过程中加入辩论、表演等环节,让整个读书活动充满欢声笑语,赶走瞌睡虫,让大家在快乐中学到知识;高 C 特质的同学负责整理和优化活动的标准作业程序(SOP),负责活动后的复盘工作;高 S 特质的同学负责照顾新会员,做现场服务工作以及收集调查问卷等等。

通过这样的分工,读书会取得了蓬勃的发展。到目前为止,我们共举办了 30 场大型读书活动,读了近百本优秀图书,走进了 20 多家企业,每次活动参加人数有四五十人,2024 年新加入 50 多名会员,总会员人数突破 110 人。

DISC 课程还能够助力我们的事业发展。我是做保险行业的,销售的是无形的产品,首先必须跟客户建立一定的信任才行。学了 DISC 课程后,我会从对方的朋友圈、说话方式、衣着打扮等方面判断他的主要性格特质,然后再用他喜欢的方式来交流,这样就能够更快地达成成交结果。DISC 课程还助力我开启了副业。在一次主持的时候,我认识了北京中海万悦酒文化发展有限公司(下文简称中海万悦)的创始人,我被他的高 I 性格吸引。通过了解,我发现他既是一个正直、讲义气的人,又是一个目标感强的人,所以我决定加入中海万悦,成为股东,跟着创始人一起干事业。随着副业的开启,我不仅收入增加,也扩大和拓宽了我的圈子和眼界。

我们经常听到"江山易改,本性难移"这句话,的确,性格是先天基因和后天成长环境共同作用的结果,很难彻底改变,但是性格也是可以根据所处的环境和场景进行调整的。学会做一条"变色龙",可以让人生更加多姿多彩。希望你像我一样,从"社恐"变成"社牛"。

学会做一条"变色龙",可以让人生更加多姿多彩。希望你像我一样,从"社恐"变成"社牛"。

根深才能叶茂，
静待生命绽放

秦婉玲

幼儿教育专家
家庭教育高级指导师
智慧家教育合伙人

大家好,我叫秦婉玲,老家在内蒙古,是一个热爱诗与远方的内蒙古人,现在定居北京。

说起内蒙古,很多人会想到骑马和蒙古包,对吧?其实我们内蒙古的孩子,上学、放学不骑马,也不住蒙古包。

今天,我想借这个机会,带大家看看内蒙古人真实的生活和精神风貌。

回想起16岁的我,还在内蒙古的一个小县城里读高一时,利用暑假办起了少儿英语补习班,在20天里靠勤工俭学赚到的钱,相当于我母亲三个月的工资。想到全家人的衣服、床单等都是母亲下班后熬夜手洗的,于是我用这笔钱给母亲买了一台全自动洗衣机。

那时候,我的内心里就埋下了一个梦想:长大后,要在北京开办一所属于自己的学校。后来,我如愿考到了北京读大学,在寒暑假里一直兼职做家教。2012年毕业后,我正式踏上了创业的道路。

我想说,想都是问题,做才是答案,行动才会带来结果。

最初,我从教几个小朋友学英语开始。家长们常说:"秦老师上每节课都是用生命在上。"因为我总是竭尽全力,以一种开心、夸张的状态寓教于乐,与孩子们互动。甚至感冒了,我也坚持上课,直到嗓子暂时失声。

生活中遇到不顺心的事,我选择报喜不报忧。我常对朋友说:"父母已经给了你生命,这是他们能给的最好的东西,所以不要抱怨家庭,而要学会感恩和努力。"

在最艰难的创业初期,我的学校3年内逐渐从只有几十名学生发展到有成百上千名学生。后来又扩展成两个分校区,学生及老师不断增加。

一路走来,"北漂"创业的辛苦自不必多说,我经历了很多被误解和不被支持的时刻。那段时间的我,曾一个人跑到地下车库,趴在方向盘上默默流泪。然而,每一次的情绪崩溃都是短暂的,我会擦干眼泪,调整好情绪,重新站在团队面前,用一如既往的坚定和自信激励大家:"我们一定要成为行业的标杆!"

2016年,我的卓思英语学校和更大的智慧家学前教育集团合并了,现在在全国共有16所直营分校。我虽然总出差,但也觉得很充实美好。团队成员间互相取长补短,彼此激励。

合并后,我的压力减轻了许多,也更加明白团队合作的重要性。这让我有更多的精力去学习和提升,后来,我多次受邀到世界各地参观学习,甚至受到了澳大利亚前总理陆克文等元首的接待。我还成为杨澜老师创办的天下女人研习社平台的签约讲师。

创业路上,难免会遇到不理解甚至讨厌你的人。对此,我始终相信将心比心。这个世界上,每个人都不容易。即使不能认同对方,也不必站到对立面去。我们需要通过不断修炼,学会观察、理解和欣赏他人。

我始终觉得,人就像植物,只有根系扎实,才能枝繁叶茂。

如何让自己的根系得到发展呢?关键在于提高人最基本的能力,比如让自己开心的能力、保持健康的能力以及保持情绪稳定的能力。

人最重要的根基,就是理性如实地看待世界。既不过分悲观,也不过分乐观。缺乏这样的韧性,早期的幸运往往会变成后期的灾难,我们无法从中汲取成长的养分。所以,我一直告诉自己:无论年纪多大,人生都没有太晚的开始。

小时候,我曾梦想学钢琴、古琴、吉他,但未能实现。大学毕业后,我重新拾起这些爱好。现在想来,这不仅是学习的过程,更是滋养自己的过程。

2024年5月,我迎来了自己可爱的宝宝,他的小名叫"小满",我希望他能知足常乐,享受岁月静好。宝宝的到来改变了我的生活节奏,也让我重新定义了"成长"。

在养育宝宝的过程中,我逐渐学会了保持耐心。宝宝偶尔哭闹的时候,我试着去理解他还不会用语言表达的需求;他第一次试着抓住我的手,第一次牙牙学语、喊"妈妈"的瞬间,都让我感受到一种前所未有的幸福感。

有人说,孩子是父母的老师。我深以为然。**孩子让我重新学会了如何观察这个世界,从一个孩子的视角,去看一片叶子、一束光的意义。**

养育他让我认识到生命的韧性和不可思议的力量,让我对时间有了新的感悟:每个孩子的成长都不可能一蹴而就,每一天都像是在为一个更大的奇迹悄然铺垫。社会上偶尔会有一些负面言论,比如"养孩子成本太高""养不起娃""带娃太累"等等,但我想说,孩子不仅是生命的延续,更是你心灵的延续。宝宝的笑容,会让你觉得再多的辛苦都值得。他的存在,赋予了生活更多的可能性,让人感到奇妙与美好。

曾经的我,很难接受自己的不完美,总是追求那些看似遥不可及的完美状态。而现在,我已经学会全然地爱自己、爱家人、爱值得我爱的身边人。

其实,完美是一种静止的状态,而这个世界,从来没有过绝对完美的一刻。一切都在动态变化中,所以,"够好"本身就是一个永无止境的目标。

我们需要学会看到生命中的美好，这样才能焕发出生机与活力。不要总盯着自己不足的地方，就像一棵小树苗，从土壤中刚探出头来，如果给它狂风暴雨，它岂不很快就枯萎了？人想要开心，真的就看自己怎么想。

根系健康的意义不仅是植物的事，更是对人的提醒。开心、健康、情绪稳定，这些都是人生的根，只有根扎稳了，我们的枝叶才能繁茂，才能更好地迎接阳光与风雨。所以，现在的我，已经不再追求结果的完美，而是更加注重每一天的努力和成长。静待花开是对生活的尊重，也是对自我的一种期许。

我始终喜欢一边学习，一边成长，这种终身学习的态度始终激励着我不断前行。一旦认定了目标，我就会全力以赴，毫不犹豫地迈向前方。

默默成长，静待花开。朋友们，愿我们共勉，加油！

我始终喜欢一边学习，一边成长，这种终身学习的态度始终激励着我不断前行。

生而为人，
我很高兴

易 成 龙

软件行业专家
中级经济师
在金融行业深耕多年

我出生于 1986 年，很快就要迎来我的四十岁了。我是个晚熟的人，作为一个东北人，我极其讨厌繁文缛节，也不通人情世故。为此，在很多年里，我都觉得和朋友们相比，我是个异类。每次看到朋友们无论是和熟人还是和陌生人在一起，都能很快融入，谈笑风生，我都特别羡慕，因为我做不到，没有胆量和勇气去迈出那一步，我一直认为那是我性格内向、自卑和能力平平造成的。

　　我这一生都会这个样子吗？我向来不信邪，只信自己的命运掌握在自己手里，我不甘心也无法接纳自己碌碌无为地过一生。"我要改变"是我很早以前就有的一个信念，虽然以前行动很少，但是种下种子很重要。

　　我看过这样一句话，不记得是在哪里看到的了，这句话是这样说的："女人怕和别人一样，男人怕和别人不一样。"之所以到现在我还记得，就是因为我觉得这句话特别对，我确实特别想和别人一样。当然现在看，这是一种粗浅的、低水平的认知。其实无论男人还是女人，和别人一样或者不一样都无所谓，重要的是无论和别人一样还是不一样，能接纳自己就好。这是我近两年才想明白的。可以说，我就这么纠结着、内耗着、犹豫着、彷徨着、迷茫着，活了三十几年。同时，我内心那种想改变并且相信自己可以改变的信念从未变过。我一直在尝试各种方法来改变自己，包括阅读大量书籍、运动，凡是我听说过的能让人变得自信的方法，只要时间、精力以及我的收入水平允许，我都愿意去尝试。当然以前并没有取得我想要的效果，现在想来，那时主要还是因为头脑懂了，但行动没跟上。

　　应该有人和我有同样的经历，觉得自己这也不好，那也不好，浑身上下全是不足之处，其实我们并没有想象的那么差，可能关键的卡点就那么一个，只要找到了，打通了，那其他的卡点也都不再是卡点了,甚至会成为我们的天赋。回过头来看,有些弯路是必须要走的,智慧来得太早,很难理解;来得太晚,无济于事。在没有找到真正的卡点之前,一些不那么重要的卡点被我当成真正的卡点去处理,浪费了很多时间和精力,效果却不好。不过,我现在已经不为这些懊恼了,毕竟过程不可逾越。

20年前,我有一个雄心壮志——改变世界。那时,我的认知有限,听说科技可以改变世界,我就一头扎进了计算机领域,成为一名程序员。但是这份工作并没有实现我改变世界的理想,我也没有在这份工作里得到滋养,反而身心情况越来越差,焦虑、失眠,处于亚健康状态,不断地跑医院,甚至不得不在家休养了半年。休养半年后,我继续从事这份工作,却总觉得内心有很大的能量无法有效输出。

在我人生的前四十年里,让我印象深刻、影响我一生的事情只有两件:第一件是读《平凡的世界》,这本书对我的人生观影响很大,让我下定决心要改变人生;第二件就是在2018年,为了提升自信,我想学口才,2022年,我终于付诸行动了,走进一家国内非常专业的口才培训机构,并在这个机构学习了一门影响我一生的课程,从此一发不可收,走上了改变自己、提升自己、精进自己的道路。

我的DISC性格色彩测试的结果是大蓝色,表现出来的也是大蓝色,但实际上我是大红色性格,多年的职业生涯深深地压抑了我真实的性格。我从2022年才真正开始自己的人生,以前仿佛白活了,仿佛一场梦。为了一些世俗的、不切实际的目标,忙碌了三分之一的人生,但我并没有懊恼和后悔,内心反而非常宁静、平和、喜悦。我以前是一个不敢表达反对意见的人,只会随声附和,因为这样让我觉得安全。我有许多兴趣和爱好,但是我没有勇气去体验和尝试,因为完美主义的我怕做不好、怕失败。让我感到恐惧的事情太多了,如怕被批评、担心别人对我有不好的看法。直到学习了DISC,我才真正地了解自己,也真正地打开了自己,我决定这一世要为自己活,所以我去体验了很多以前想体验却一直不敢体验的事,比如去内蒙古自驾游、去河北露营,甚至还参演了舞台剧,并且塑造的猪八戒的角色得到了大家的一致认可,从而发现了自己在当众演讲和表演方面的天赋。那种满足感和快乐是以前的我所理解不了和体验不到的。以前的我是金钱至上的人,觉得只有钱才能让人快乐。现在,我不那么认为了,认知提升了,其实有很多事情都可以让我快乐,而让我最快乐的方法就是做自己想做的事,做自己喜欢做的事,做自己擅长做的事。如果在这个过程中,能帮助到别人,那就更好了。

伴随着年龄的增长,经历得越多,就越会觉得人生如此美妙,也越来越体会到人生并不仅仅是名、利、权、情那么简单,所以要好好珍惜这一世,活出本自具足的自己。我在内心深深地觉得,生而为人,我很高兴,希望大家和我一样。

伴随着年龄的增长，经历得越多，就越会觉得人生如此美妙，也越来越体会到人生并不仅仅是名、利、权、情那么简单，所以要好好珍惜这一世，活出本自具足的自己。

角色的辗转，
人生的投入

王 利 佳

后海银锭桥1/2PM酒吧老板
后嗨传媒文化公司董事长
国瑞呈心理咨询公司联合创始人

苏格拉底曾说过："未经审视的人生不值得过。"

从懵懂的少女,到为人母的女人,再到选择心理学作为终生事业的创业者,我的人生一路跃迁,一路与自我同行。

角色的每一次转换都蕴藏着成长与启示。从追求事业的物质成功,到家庭关系的深刻反思,再到心理学领域的探索,我深刻领悟到:**每一次转变,都是对灵魂的一次召唤。**

01

从实体行业到心理学的觉醒

十几年的实体行业创业让我积累了丰富的经验,也让我培养了在逆境中坚持的韧性。

作为一名酒吧经营者,我始终秉持初心,为每一位客人提供温暖的氛围和细致的服务。无论是独自发呆、与朋友相聚,还是释放压力、撸猫、畅饮,后海酒吧总是为客人点亮一盏心安的灯。它既是我事业的起点,也是见证我成长的地方。

然而,疫情的突袭改变了一切。曾经喧闹的街巷变得空空荡荡,酒吧一度面临经营危机。看着熟悉的后海不再烟火缭绕,我的心中满是惆怅和不安。在店铺转型和装修的过程中,我不断寻找新的方向。幸运的是,我遇到了生命中的贵人——理想的店长、得力的助手,他们的支持让我重燃希望。最终,酒吧在焕然一新的同时,也逐渐恢复生机。

但正是在这样的低谷中,我开始反思:如此辛苦奋斗的人生是否真正让我满足?仅仅追求物质成功和事业稳定,是否已经足够?

那些深夜的辗转反侧,形成了一个清晰的声音:"**寻找自由的灵魂,找到人生真正的意义**。"

02
邂逅心理学,发现终生使命

初次接触心理学,是一个偶然的契机,让我找到了生命中遗失已久的拼图。从那个时候起,心理学便悄然植根于我的心中,成长为一棵充满治愈力量的大树。它不仅是一个知识体系,更是一种独特的思维方式、一种解读生命的哲学。我仿佛走进了一扇敞开的门,门后是无垠的天空,写满了答案和希望。

在学习心理学的过程中,我第一次如此认真地倾听自己内心的声音。那些曾经在日复一日的琐碎中被忽视的情感、被掩盖的渴望,如今一一浮现。我惊讶地发现,许多问题的答案,其实并不在远方,而是藏在对问题重新分析的能力里。在面对那些复杂的情感和关系时,心理学如同一盏明灯,让我在迷雾中重新找到方向。

它教会我什么是共情,也让我懂得:在世间的无数种能力中,最重要的一种能力是用温柔的眼光去看待他人。我们每一个人都在自己的生命长河中奋力游泳,在看起来平静的水面下,有难以察觉的暗流在涌动。心理学提醒我,接纳别人的不完美,也是接纳自己的一部分。

这次学习旅程让我重新审视人生的价值和意义。过去两年间,我从心理学的学习者,逐步转变为践行者,并最终将它融入我的事业。我用行动将心理学的力量传播到家庭教育领域,希望在这个以爱为根基的世界里,帮助更多的家长和孩子彼此靠近。这不仅是一份事业,更是我选择的人生使命。

03

青春期的儿子:最大的挑战与觉醒

让我对心理学有更深感悟的是我与儿子的关系。作为一名母亲,我希望给予孩子最好的教育和陪伴,但当儿子进入青春期后,我的教育方式却遇到了前所未有的挑战。

儿子的变化让我措手不及。从童年时的活泼开朗,到初中后的封闭"躺平",他像变了一个人,对未来没有计划,不愿与我交流。我试图用以往的方式解决问题,但事与愿违,矛盾反而愈演愈烈。每一次与儿子的争吵和不快,都让我痛苦不堪。

我一度陷入深深的自我怀疑:我的教育方式是不是完全失败了?是我太过严格,压制了孩子的自由,还是我对他的期待太高,给他带来了无法承受的压力?每一个问题都如针般刺在心头,让我倍感挫败。

心理学的学习让我重新审视与儿子的关系。**我开始意识到,孩子的叛逆并非无理取闹,而是对自身成长的渴望**。青春期是每个孩子自我觉醒的关键阶段,他们试图摆脱父母的控制,寻找属于自己的独立世界。而作为父母,我们需要给予他们更多的包容和支持,而非单纯的指责和管束。于是,我尝试改变自己。与其急于改变儿子,不如先从调整自己的沟通方式入手。放下说教的姿态,耐心倾听他的心声,用更温和的方式表达我的担忧和建议。我不再急于控制他的行为,而是给他更多的自主权,同时用爱与信任为他提供支持。

这样的转变并非一蹴而就。起初,儿子对我的改变并不信任,甚至有些抗拒,但我坚持用行动证明我的真心。渐渐地,他开始主动与我交流,也开始重新规划自己的学习和生活。当他告诉我,他想重新面对中考时,我感到无比欣慰。

尽管此时他已经拿到了国外学校的录取通知书,但他依然选择挑战自己。这份勇气和久违的自信,让我感到无比骄傲。儿子从低谷中走出,全力以赴地投入学习。他不仅在学习上成长,更在心智和意志上经历了一次蜕变。

04

心理学的力量:陪伴孩子,疗愈自己

这段经历让我深刻体会到:每一次家庭教育的难题,都是一次自我成长的机会。与其说我在引导儿子,不如说我们母子共同走过了一段深刻的疗愈之旅。在陪伴他的过程中,我开始重新认识自己,也开始与内心深处那个曾经敏感、脆弱的小孩对话。

曾几何时,我以为成为母亲的意义是给予孩子无微不至的保护,是用我的经验和规则为他规划一条平坦的道路,但心理学让我意识到,真正的爱并不是将孩子牢牢抓在手中,而是给予他在探索中跌倒后站起来的勇气。我慢慢学会放下控制的渴望,把孩子的成长看作一颗种子的自然生长。

从那段母子关系最紧张的时期走过来,我至今依然记得那些微

小却充满温度的瞬间。那些瞬间让我的心充满了一种柔软的力量,是因为儿子改变的勇气,也是因为我看到了他内心深处久违的光芒,那是对自我的信任和期待。

心理学教会我,爱是解决一切问题的起点,但这种爱并不是简单的情感表达,而是深深植根于理解和共情的力量。它让我懂得,爱不是试图消解一切痛苦,而是陪伴对方穿越痛苦。**在儿子最需要支持的时候,我选择用接纳和耐心去浇灌他那颗不安的心灵,也用这样的方式治愈我的内心。**

05
创业路上的坚持与突破

作为女性创业者,进入心理学领域并非易事。起初,我的选择并未得到周围人的认同。无数否定的声音让我倍感孤独,但内心的信念让我一次次重拾勇气。我始终相信,每个人都可以走出属于自己的独特道路。

创业的过程充满挑战,但每一次努力都让我更加坚定,我一点点将心理学的力量传播给更多人。我希望用我的实际行动和故事,告诉那些曾经怀疑我的人,也告诉自己:**坚持自己的热爱,终究会看到光芒。**

06
角色的辗转，人生的投入

作为母亲，我希望用成长和榜样的力量影响我的孩子；作为妻子，我希望为家庭带来包容和支持；作为创业者，我希望为社会贡献更多温暖和爱；作为自己，我希望活得淋漓尽致，无愧于心。

现今社会的压力、快速发展的节奏、个人能力的比拼、一系列糟糕的现象，让很多青少年及其家庭成员备受精神困扰，抑郁症和焦虑症患者与日俱增，这成了备受关注的话题。

心理学让我看到了人生更大的可能性。未来，我将继续深耕于这片热土，帮助更多人找到内心的平静与力量。我愿用一己之力，将心理学的智慧带到千家万户，为这个充满压力和焦虑的社会带来一份温暖。

无论生命的长度如何，我希望在广度和深度上不断探索。我相信，人生所有的历练和风雨，都是为了让我们更好地理解爱、传递爱。

感恩遇见，感谢支持，愿未来我们都能走向心中向往的远方。愿国泰民安，家庭和睦，身心健康！

无论生命的长度如何，
我希望在广度和深度上
不断探索。

勇敢者
先享受世界

张 洋

中京鑫建（北京）建设有限公司总经理
清芬商学院执行院长
酒店投资人、酒店营建品类资深专家

各位读者朋友,大家好!我是张洋,一位在创业海洋中乘风破浪的舵手。我深知,做事业如同逆水行舟,不进则退。回顾我创业的 15 年历程,可以说是一路坎坷一路搏,一路风雨一路歌。

我是一家工程公司的总经理,肩负着公司的发展重任。此外,我还是清芬商学院的执行院长,致力于培养更多优秀的商业人才。不仅如此,我还是一名酒店投资人,涉足多个领域,不断拓展自己的商业版图。

然而,我的人生并非一帆风顺。不甘平庸却家境贫寒的现实告诉我,我没有太多的选择。**长久以来,支撑我创业的动力就是:来北京的时候,我一无所有。如果创业失败,顶多还是一无所有,我没有什么好失去的。正是这种信念一直激励我前行。**

在前行的道路上,我经历了无数的困难和挫折,正是这些困难和挫折让我变得更加坚强和勇敢。我相信,只有经历过风雨的洗礼,才能迎来美丽的彩虹。我学会了如何面对失败和挫折。我明白,失败并不可怕,可怕的是没有从失败中吸取教训并获得继续前进的勇气。同时,我也学会了如何抓住机遇和应对挑战。在竞争激烈的商业环境中,机遇往往与挑战并存。只有敢于冒险、勇于创新的人才能在竞争中脱颖而出。因此,我总是保持着积极的心态和敏锐的洞察力,时刻准备迎接新的机遇和挑战。

我的职业生涯开始的地方是一个居民小区大门口,那里是我每天工作的主要地点。我负责分发小广告,目的是征集愿意让我们施工做样板间的客户。这份工作看似简单,实则充满了艰辛和挑战。

那时,我每天的工作时间常常超过 14 个小时,从清晨到深夜,我都坚守在岗位上。高强度的工作让我每个月都要穿破一双皮鞋,那是我为对工作的执着和对梦想的追求所付出的代价。

然而，工作中的困难远不止于此。我遭到了无数次的拒绝，每一次都像是一记重锤击打在我的心灵上。物业和保安的刁难更是让我倍感压力，他们时常对我进行阻挠，甚至有时还会没收我手中的广告传单。更让人心寒的是，工程款被克扣和拖欠的情况也时有发生，这让我深刻体会到了生活的不易。

但正是在这样一次次的挫折和磨难中，我逐渐成长起来。我开始学会如何与客户沟通，如何在逆境中寻找机会，如何在困难面前练就坚韧不拔的精神。**我明白了，生活中的苦难虽然不值得被歌颂，但它们却是我成长道路上不可或缺的一部分**。它们教会了我如何面对挑战，如何从失败中吸取教训，如何在困境中寻找希望。我由衷感谢那些曾经刁难和欺骗过我的人，是他们让我变得更加坚强，更加成熟。我深知，没有这些经历，就没有我今天的成就。因此，我将珍惜每一次成长机会，勇敢地迎接未来的挑战。

回首过去的时光，我深刻地认识到个人的成长与事业的蓬勃发展离不开贵人的相助。这些贵人，如同生命中的灯塔，不仅为我提供了宝贵的资源支持，更在我遭遇挫折、心灰意冷之际，给予了我无尽的鼓励与温暖。他们的存在，让我更加坚信，在成功的道路上，除了个人的不懈努力，还需要那些愿意伸出援手的人。因此，我时刻提醒自己，必须付出比常人更多的努力，因为只有这样，当机遇来临时，那些渴望助我们一臂之力的人才能准确地抓住我们伸出来的手，共同把握住命运的转机。

正是这份坚持与努力，让我在经历了三年家庭装修行业的磨砺后，成功地转型为工程装修的总承包商。这一转变，不仅带来了项目体量的升级，更是我个人职业生涯的一次重要蜕变。我满怀激情，准备大展拳脚，却未曾预料到疫情的突然来袭。这场全球性的危机让众多企业面临前所未有的挑战,我的公司也未能幸免,长期无法复工复产,经营状况一度陷入困境。

然而,逆境之中总有一线生机。幸运的是,作为军队系统的承包商,我们得到了基本业务的支持,这成为公司在疫情期间稳定过渡的关键。这份来自特殊领域的支持,不仅帮助我们度过了最艰难的时刻,也让我深刻体会到,无论环境如何变化,坚实的基础与稳定的合作关系始终是企业发展的重要基石。

时至今日,尽管我们已经走出了疫情的阴霾,但前方的道路依然布满荆棘与挑战。然而,我深信"勇敢的人先享受世界"这句话,面对未知与困难,我将继续保持不畏艰难、勇于探索的精神,以更加坚定的步伐,与这个世界并肩前行,共享人间之美。**毕竟,每一次挑战都是成长的机会,而我已经准备好用勇敢的姿态去迎接每一个可能,继续书写属于自己的辉煌篇章。**

另外,一个人的成长与事业的发展离不开持续不断的学习,所以我坚信,作为成年人,我们应该培养终身学习的习惯。为了提升自己的口才表达能力,我选择了去新励成进行专业训练,并上了清华EMBA的课程。在学习过程中,我遇到了许多志同道合的朋友,大家共同探讨、分享经验,这为我后来创建清芬商学院奠定了坚实的基础。

行动是解决问题的最佳方式之一。尽管许多人告诉我,在疫情期间开展培训活动会面临诸多困难,但我始终相信机会是留给那些敢于尝试的人的。正是这种勇于实践的精神让我们克服了重重障碍,最终成功地完成了首期班级的教学任务。目前,我们正在紧锣密鼓地筹备新一期课程,希望能够给更多渴望进步的学员带来帮助。

在清芬商学院，通过参与丰富多彩的活动，学员们不仅能够学到前沿的商业知识，还能开阔视野，结识来自不同行业的专业人士，从而建立起广泛的人脉网络。在我看来，"学"指的是理论知识的学习，"习"则是指将所学应用到实践中去的过程。只有当两者紧密结合时，我们才能确保自己走在正确的道路上，并且走得更加稳健长远。因此，无论是对于个人还是组织而言，不断地学习新知识并将其转化为实际成果是至关重要的，这也是我创办清芬商学院的初衷。

在十五年的创业之旅中，我还有幸结识了一群与我志同道合的朋友和合作伙伴。他们有不同的背景，掌握不同的专业技能和经验，但我们有一个共同的目标：**追求梦想，实现自我价值**。我们相互鼓励，相互支持，共同面对困难和挑战。

我们一起努力工作，一起学习成长。我们互相分享经验和知识，互相启发创新思维。在这个过程中，我们不断进步，不断提升自己的能力和素质。这种共同成长的经历让我们更加紧密地团结在一起，形成了一个强大的团队。在这个团队中，每个人都发挥自己的优势，为共同的目标努力奋斗。我们相互信任，相互尊重，共同承担起责任和义务。这种团结和协作的精神让我们能够克服一切困难，取得一个又一个胜利。

我们一起创造了许多美好的回忆。我们一起庆祝成功，一起面对失败。这些经历让我们更加珍惜彼此之间的友谊和合作，也让我们更加坚定地相信未来会更加美好。这些经历将成为我人生中最宝贵的财富之一。

现在，我的创业还在继续，我深刻体会到了创业的艰辛与喜悦交织在一起的独特魅力。每一个成功的瞬间都是对过往付出的最好回报，而每一次挫折则是通往成功的必经之路。正是这些经历塑造了我坚韧不拔的精神，让我更加珍惜眼前的成就，并对未来充满期待。

总之，回顾过去的十五年，能够经历如此多的挑战与机遇，我深感荣幸。未来无论遇到什么困难，我都将以更好的状态去面对。最后，我想对正在创业或即将创业的朋友们说：不要害怕失败，不要畏惧困难。相信自己的能力，坚持自己的梦想。只要我们勇往直前，就一定能够创造出属于自己的辉煌！

未来无论遇到什么困难，我都将以更好的状态去面对。

梦想启航，
绽放光芒

张秀梅

国际形体设计师
高级营养师
轻读书会会长

2024年对我而言是充满奇迹的一年,我有两个意义非凡的初次尝试。我毅然辞去工作,投身创业的浪潮,与此同时,还担纲导演,策划并执导了五场舞台剧。这一切源于我内心深处渴望做自己、追逐热爱的那份执着。

　　我的创业项目聚焦于女性形体管理领域,致力于帮助女性塑造出迷人的S形曲线。要知道,优美的形体能够让女性更加自信,更加懂得关爱自己,进而实现智慧层面的成长,达成内外兼修的美好状态,也能为家庭幸福助力。**能力固然关键,可形象同样不可或缺。当二者兼备时,你就拥有更强的竞争力**。

　　我在形象方面经历了一场蜕变,形象力得到了极大的提升,影响力也随之成倍增长。我变得越发自信,更加专注于自身,不再被他人的评价所束缚。这一年来,我邂逅了不同状态的自己,历经了多个阶段。在这个过程中,我还发现,当自己越来越优秀的时候,所遇到的人的素养也会相应提高。我仿佛有一种魔力,会吸引更好的人、事、物来到身边,进而让自己的社交圈层得以升级,而圈层的升级又会推动思维的升级。

　　在我自身发生变化的过程中,由于形象上的巨大蜕变,别人对我的认可度也大幅提高了。他人对我形象的赞美与肯定,犹如正向的能量回流,让我对自己有了更深的认知,也更加懂得爱自己,越来越能够欣赏美好的事物,内在愈发强大,做事充满动力,整个人都仿佛在闪闪发光,眼中也满是光芒。同时,有越来越多的人因为看到我的改变,慕名而来,找我帮忙打造形象。每当我帮助一个个生命实现蜕变之时,内心的使命感和价值感便油然而生。当我目睹她们因注重形象、内外兼修,让自己的生活、工作都发生积极变化的时候,一股磅礴的力量就在我的身体里涌动。

从小,我心中就怀揣着一个演员梦。当我的内心变得愈发强大、更加懂得爱自己的时候,这个梦想也变得越发清晰起来。这一次做舞台剧,我有三个初心。

第一个初心:我不仅仅想圆自己的梦,更期望能帮更多的人实现演员梦。

第二个初心:帮助人们解放天性,去真切地感受艺术独特的魅力。我期望通过演绎各种各样的角色,每一个参与者都能在舞台上尽情绽放自己,寻找到那个被生活琐碎所掩盖的、熠熠生辉的本我。

第三个初心:击碎每个人内心深处潜藏的痛苦。身处这个物质已然十分丰富的时代,令人惋惜的是,仍有一些人活得无比痛苦。究其缘由,往往是因为他们入戏太深。我们每个人降临到这个世间,其实都如同在参演一部宏大的戏剧。从某种意义上来说,每个人都是演员,之所以会深陷痛苦之中,是因为太过于沉浸在自己所扮演的角色里,难以自拔了。

我想做的舞台剧,就是给大家一个契机去体验不同的人生,去尽情演绎各式各样的角色。当你认识到自己是在演绎某个角色的时候,无论你怎么去诠释、去表演,你都清楚这只是一场表演罢了。如此一来,便不会被角色所裹挟,自然也就不会产生痛苦了。

我们的人生何尝不是如此呢?我们既是人生这场大戏的编剧,能够去书写属于自己的故事脉络、情节走向,也是人生这场戏的导演,有权决定该以什么样的方式、节奏去推动剧情发展,更是人生这场戏的演员,负责用自己的一言一行将故事演绎出来。至于要怎么演,完全由我们自己说了算,我们有着绝对的掌控权,可以让自己的人生之戏精彩纷呈、不留遗憾。

我是一个性格直爽、说干就干的人,当即花了将近两个月的时间去精心策划舞台剧。

我原本想找朋友借用免费的场地,然而,随着筹备过程中舞台出现变动,费用也跟着增加,我一下子陷入了困境之中。拉赞助成了一个棘手的难题:在群里发消息,效果不佳;给朋友发私信吧,又让我十分纠结,总觉得不该给演员们增添麻烦。无奈之下,只能另寻他法。一次,和波哥吃饭的时候,他敏锐地察觉到了我的心思,我半开玩笑地问他能不能赞助一下,没想到他二话不说,直接给我转了 1000 元过来,还告诉我:"你要说出你的需求,别人才有机会帮助你呀。"他的这番话给了我莫大的信心。我随后在群里发布了波哥赞助的消息,舞台剧的影响力渐渐扩大了。

可没想到,后来场地又出了问题。原本我预订的是能容纳 50 人的小场地,结果报名人数不断增加,场地显得十分拥挤。换大场地吧,费用颇高,而且太大了,还得继续招募观众才行。另外,原来的场地没有电子屏,宣传效果很不理想,新场地没有演员们化妆的地方,我只能重新去寻找合适的场地。诸多问题让我焦虑得整宿整宿睡不着觉,常常夜不能寐。

直到有一天凌晨 5 点多的时候,我给标哥发了微信,详细说明了场地的各项要求,标哥表示可以满足。说到价格的时候,我把我们的实际情况一五一十地讲了出来,标哥特别仗义,给予我们很大的支持。新场地不仅有电子屏,灯光效果也很棒,完全符合我们的要求,再加上同学们赞助的经费,我那颗一直悬着的心呀,这才终于放下了。

同学们特别热心地帮忙邀请观众,演出当天,到场的人数过百。整个舞台剧进行得十分顺利,四个剧本、即兴喜剧以及串场舞蹈等节目给观众们带来了绝佳的观赏体验,每位演员都表现得相当出色。

这次活动让我感触最深的，一是团队的力量，那种凝聚力就像一束光，熠熠生辉；二是自己积极向上、一心想要把事情做成的心态真的会吸引贵人来相助；三是深深体会到自己能帮助多少人，就会被多少人托举起来。在此，我要衷心感谢6位执行导演、所有的演员、赞助商、志愿者以及每一位观众，这是一个互相成就、互相贡献的美好过程。2025年，我们再次启航。

一是团队的力量，那种凝聚力就像一束光，熠熠生辉；二是自己积极向上、一心想要把事情做成的心态真的会吸引贵人来相助；三是深深体会到自己能帮助多少人，就会被多少人托举起来。

重新认识自己

刘 天 灿

健康主播
健商教育导师
自然阳光独立服务商

当你看到这篇文章的时候,恭喜你,你要开始重新认识自己的身体了。可能你会感到奇怪:难道我自己的身体还要重新认识吗?是的,在这个快节奏的社会里,我们每天都忙忙碌碌,不敢有半点停歇,去学习,去工作,去社交,去做很多很多的事情,很少有人想到停下来去了解一下自己的身体。

你是否也像我一样,曾经一直以为身体就是自己的,想干吗就干吗?2015年的一天,我的身上出现了大面积的湿疹,全身上下几乎长满了红色的痘痘,像小米粒一样。什么感受呢?就一个字——痒。只有把皮肤抓破的那种疼痛感,才能缓解一点痒,所以我开始走上一段漫长的求医问药之路,但是结果只有8个字:"千寒易除,一湿难去。"在反反复复的痛苦折磨当中,在我几乎崩溃绝望的时候,我幸运地走进了健康行业。通过不断学习和反思,我终于明白了,当我总是做一些伤害身体的事情的时候,我的身体就会给你一些小小的"教训",也可以理解成警示。照顾好自己的身体也是人一生当中的头等大事!当你走偏的时候,你的身体就会用它的方式来提醒你。

接下来,让我们开始重新认识自己的身体吧!首先,你要明白,不管你怎么对你的身体,它都希望你好。你的身体会在你做出一些错误的事情以后,及时地给出回应和提醒。我们把这种提醒叫作身体语言。你的身体是会"说话"的,它是可以和你对话的。如果你不能读懂身体语言,不能和你的身体有效地沟通,你就无法知道它真正的需求是什么。如果你不懂身体真正的需求是什么,那你怎么能照顾好身体呢?我经常和朋友讲,照顾身体就像照顾一个还不会说话的孩子，不会说话的孩子也有他的语言——对的，哭就是他的语言，所以你要了解他为什么哭。如果他是因为饿了，你却要哄他睡觉，他该换尿布了，你却要喂他喝奶，他只会哭得更厉害。当你搞不懂他的语言，你不但帮不到他，还可能会伤害他。其实身体也一样，当身体用它的语言"说话"的时候，如果你搞不懂，不但照顾不好身体，反而会因为误解而去和身体对抗，最终伤害身体。

那到底什么是身体语言呢？首先，你要知道你的身体远比你想象的要厉害得多、灵敏得多。当你的身体出现损伤的时候，它会第一时间给你发出信号，也就是我们说的身体语言。比如，有一根针扎到了你的手，你的身体立刻会给你发出一个疼痛的信号，这个时候，你就知道，身体是让你帮它把针拔掉。当你能读懂身体语言的时候，你就能精准地帮助身体解决问题。当然，这是我们可以看得到的外在的伤害，那些我们看不见的内在伤害呢？比如，胃受到了损伤，身体同样会给我们发出疼痛的信号，那很多人是怎么做的呢？是帮助身体修复损伤还是消除疼痛呢？大部分人都选择消除疼痛。你知道吗，如果你总是仅消除疼痛，你不是在帮助身体，而是在不让身体说话！这是非常可怕的，就像你照顾一个不会说话的孩子，当他哭的时候，你不去帮他解决问题，反而想尽办法不让他哭出声音。你可能错误地以为疼痛消除，问题就解决了，殊不知可能更多、更大的问题会开始出现。这就是有些人把自己的身体照顾得一塌糊涂的原因。有些人总是在错误的方向上一直努力，看似在找各种方法来帮助身体，实则在和身体进行对抗。现在回想起来，我那几年身上起的湿疹，也许就是身体在告诉我，我体内湿气太多了，我的代谢能力下降了。当我读不懂身体语言的时候,我一直在和身体对抗,一直在错误的方向上努力,怎么可能得到好结果?

我想跟大家说,一定不要把身体语言当成疾病!你一定要搞清楚,身体的损伤才是疾病,而身体语言恰恰是身体面对损伤所作出的反应。当你的身体给你发出信号的时候,不要盲目地去找各种方法消除身体语言,而是要去找损伤身体的原因是什么,然后帮助身体进行修复。这才是我们保持健康的正确方向!

那当我们的身体出现损伤的时候,到底如何帮助身体去修复呢?

人的身体约有70%是由水构成的,20%是由蛋白质构成的,剩下的10%则是其他营养成分。我们每天都要吃食物,根本原因就是要获取食物中的营养成分来滋养我们的身体。营养成分是我们身体持续健康的原材料。当身体出现较小损伤的时候,我们要给身体提供它所需要的原材料,然后再给身体一些时间,身体基本就可以自动修复。

你应该有过这样的经历:你身上有一个小伤口,你并没有管它,过几天后,伤口已经愈合了。身体是不是很厉害、很神奇?可能你会说,既然身体有这样的能力,为什么还有这么多的人生病呢?其实这就像你是一个厨艺高超的厨师,我需要你做一道美食出来,但我不给你提供食材,这就是"巧妇难为无米之炊"!我们的身体同样如此。虽然它有能力修复一些损伤,但是如果你没有提供足够的原材料给它,它是无法修好的。还有一点,身体修复是需要时间的,但是很多人根本不愿意给身体太多时间。

最后，我希望未来我们每一个人都能重新认识自己的身体，真正读懂身体，帮助身体，相信身体！只有这样，我们才能照顾好自己的身体。希望我的分享能够给大家带来一点启发和帮助！

你要知道你的身体远比你想象的要厉害得多、灵敏得多。

这是一场
摊牌局

扈筱

软件工程师
心理咨询师
助农协会首席运营官

一直以来，我都以阳光和开朗的形象示人，朋友们总说我是他们的"小太阳"，总能在他们最需要的时候带来温暖和光亮，但很少有人知道，在我的笑容背后，隐藏着一个我不愿提及的秘密——我的原生家庭。

在我成长的岁月里，家庭的阴影一直伴随着我。我选择隐瞒，是因为我不想让别人看到我的脆弱，不想让那些同情或异样的眼光成为我社交的负担。我害怕，一旦揭开面纱，我的阳光形象就会崩塌。

但是，随着时间的推移，我开始意识到，真正的阳光并不是没有阴影，而是在阴影中依然能够寻找光明。我开始反思：我为什么要因为害怕失去而选择隐藏真实的自己？为什么我要让过去的痛苦定义我的人生？我决定不再隐瞒，不再让原生家庭成为我人生的枷锁。

现在，我不想隐瞒了。因为我已经可以坦然拥抱自己的全部，包括那些曾经让我痛苦的过去。**我想要让人们知道，即使在最黑暗的时刻，也有可能找到光明**。我想要证明，一个人的价值不是由他的出身决定的，而是由他如何面对挑战、如何成长和超越自我来定义的。

这篇文章是我勇敢面对自己原生家庭的心路历程的真实记录。在这里，我将分享我的挣扎以及我如何一步步走出阴影、拥抱真实的自我。我希望我的经历能够激励那些也在隐藏自己故事的人，告诉他们，真实的力量是无可匹敌的，而阳光总在风雨后。

01
至暗时刻

把时间拉回到 2010 年,在爸爸去世后,家中负债累累,生活变得异常艰难。母亲,这个曾经坚强的女人,脸上的笑容被无尽的忧愁所取代。很长一段时间里,她不允许我和弟弟在家中展露笑颜,仿佛笑声会刺痛她那脆弱的心。我理解母亲的苦衷,也尊重她的想法,但我内心的悲伤如同被压抑的火山,随时可能爆发。我不敢在家中哭泣,害怕我的泪水会触发母亲那无尽的悲伤,于是我学会了在每次进家门之前,找一个无人的角落,让泪水悄然滑落,然后擦干眼泪,心里默念着我的偶像张杰说的话:"Everything is gonna be fine.(一切都会好起来的。)"等到情绪平复后,再踏进家门,戴着坚强的面具回到家中。

慢慢地,我感受到了村里人异常的"敬意",仿佛我们的存在会给他们带来不幸(当然 15 岁的我不理解,现在马上 30 岁的我理解了)。在这段艰难的日子里,我感到了前所未有的孤立无援!

02
夜空照亮

然而,就在我们几乎要被绝望吞噬时,姑奶家像一盏明灯,照亮了我们的世界。在我们家遭遇不幸后,姑奶家和岁爷家成了我们的依靠。

爸爸去世后没多久，我考上了高中。为了减轻母亲的压力，姑奶和姑爷就把弟弟接到了县城上学，周五下午回我们自己的家，周日下午再坐车去他们家。就这样，弟弟在他们家一待就是六年，那里成了弟弟的第二个家。姑奶和姑爷的爱，滋养着我们的心灵。他们白天忙碌于食堂的工作，晚上还要为弟弟洗衣服洗鞋。他们洗得特别干净，仿佛洗去了心中的忧愁。姑爷每次去超市，都会带着弟弟去买零食，那是他对弟弟默默的关怀。

高三那年，姑奶让我住在高中对面的一套房子里，为了学业而奋斗。有一次晚上，姑爷晚上过来看望我，我在上晚自习，回去后发现他给我带了零食，还在我床头柜上放了零花钱，并留下了一张纸条："筱，注意身体，加油。"那纸条上的字，如同冬日里的一缕阳光，温暖而明亮。

现在每次回家，我们都一定会去姑奶家。**那里不仅是我们心灵的寄托，也是我们力量的源泉**。姑奶和姑爷总是带着慈祥的笑容迎接我们，让我们感到无比的安心和温暖。

03
痛苦逃避

虽然姑奶、姑爷照顾着我们，我们也感受到了他们无尽的爱，但是在我初中毕业时爸爸意外去世这件事，还是给我留下了无尽的遗憾和深深的伤痛。

高中的生活充满了挑战和变化，我刻意逃避着一件事情——我爸爸的离世。每当同学们谈论起父母，我总是用"我家里人"这四个字来代替，心想这样别人就不会知道我的家庭已经不再完整。我讨厌填写家庭信息，因为那上面要写家里每个人的信息，而那时我爸爸去世还没多久，我不能接受原来的一家四口变成一家三口，所以在刚上高中时，一旦要填写家庭信息，我一直都是写的四个人的，其中包括我爸爸的信息，因为我在心里跟自己说："我爸活着呢。怎么没活着？他只是换了一种存在的方式。"

高一开学没多久，在一次全校活动中，我被通知领助学金，当时我就猜到应该是家里人找班主任说明了情况。那次领助学金让我感觉很羞耻，因为我从小到大没怎么领过奖状，没想到第一次出现在老师和同学们眼前，是以贫困生的身份出现，那沉甸甸的五百元让我面红耳赤。就这样，我从高一就开始学着伪装，直到高三，我以为再坚持坚持就毕业了；但是有一次我请假了，等我回到教室的时候，我看到同学们看我的眼神有点奇怪，那种感觉就仿佛是知道了我隐瞒已久的秘密。果然，在我不断打听之后，有个同学告诉我发生了什么：班主任当着全班的面说明了我家里的情况，揭开了我的"庐山真面目"。那一刻，我感觉天塌了，崩溃了，含着泪冲出了教室。

就这样，直到高中毕业、读大学，再到大学毕业，最后到 2022 年，我一直坚信：单亲家庭的孩子，大多有心理问题！

04

心灵治愈

2022 年 7 月，我上了一门课，在课上大家都要讲一个感人的故事，我讲述了姑奶家如何帮助我们家的事情。当我提到我爸爸时，我边讲边哭,最终得了"最佳感人奖"。从那次后,我心中潮湿的地方好像没有那么潮湿了。第二次讲述这件事时,我虽然有点难过,但是这一次我只是哽咽了,努力把眼泪留在了我的眼眶里。直到现在,我竟然能够笑着讲出我爸去世的这件事,因为我发现这件事不再是我的软肋。从此,我不再用"我家里人"去代替我的爸爸妈妈,可以大大方方跟别人聊我爸我妈。

接着,在同年 11 月,我上了一门心灵成长类课程,老师当时在回答另外一个同学的问题:"虽然你的家庭不完整,但是你被其他的爱滋养了。"那一刻,我才发现我是一个正常的孩子,我是一个被爱包围的人。我止不住我的泪水,因为我想到了我的姑奶、姑爷、岁爷、表叔、表婶等所有在爸爸去世后来爱我们的人。**我的心灵,被这些爱所滋养,他们让我在逆境中成长,让我学会了如何去爱、如何去生活。**

05

被爱后去爱

在生命的长河中,几乎每个人都会遭遇至暗时刻,面对那些让我们感到无助和绝望的日子。我也不例外,在我年轻时,我就经历了人生中最为艰难的考验。

我失去了爸爸,这个打击如同一场突如其来的暴风雨,让我的世界变得昏暗无光。然而,就在我感到最寒冷、最孤独的时候,我感受到了爱的温暖。这爱来自我的姑奶一家以及那些在我生命中默默支持我的人。他们的爱如同一盏盏明灯,照亮了我前行的道路,让我在风雨中找到了避风的港湾。因为我曾经在雨中迷失,所以我知道一把伞的重要性;因为我曾经在风雨中颤抖,所以我知道一个温暖的拥抱有多么珍贵;因为我曾经在黑暗中哭泣,所以我知道一束光的力量有多么强大。

我相信,每一份爱,无论大小,都能产生巨大的影响;我相信,每一份善意,都能激发更多的善意;我相信,每一份光明,都能驱散黑暗。在未来的日子里,我将不忘初心,继续前行。我将带着感恩的心,去珍惜那些给予我爱和支持的人;我将带着希望的心,去迎接每一个新的挑战;我将带着爱心,去为那些需要帮助的人撑伞。让我们都成为撑伞之人,在这个纷繁复杂的世界里,传递爱,传递温暖,传递希望。我们要相信,即使在最黑暗的时刻,也有爱的光芒在闪耀。

至此,"深深的话我浅浅地说,长长的路我慢慢地走"。再次感谢我的姑奶、姑爷、岁爷、表叔、表婶等所有这些年爱我们的人。

深深的话我浅浅地说,
长长的路我慢慢地走。

觉醒天赋

王美博

新媒体运营操盘手
儿童体育教育专家
大学"性格色彩"讲师

我能以作者的身份出现在这里,源于以下三个故事。

01 故事一

小时候,父母天天吵得不可开交。上初中之前,我是没用玻璃杯喝过水的,全被父母吵架时拿来"助兴"了。这也导致我从小就有一个"优良品质":玻璃崩于前而面不改色。年轻人有点脾气,可以理解,他们在哪里吵都行,只要别在我书桌旁边吵,因为那里有我刚写完的作业。也别在厨房吵,只要听到厨房传来 90 分贝以上的男高音或者女高音,我不管是在看电视还是打游戏,都会立马跑进厨房,然后一言不发,拿起锅盖把刀具扣在下面。父母看着我,在他们的表情里,我能读出来些许惊讶,我说:"不用管我,你们继续,继续呀!妈,到你了,继续……"

父母吵架我管不了,但是吵架后的情绪调节还是离不开我。也是从那时开始,父母发现了我与其他孩子不太一样的地方。这个不一样的地方,我姑且先管它叫天赋。

02 故事二

我学习成绩一直很一般,处于班级中游的样子,上不去,也下不来。初二的一次期末考试,我数学、物理、地理三科考了满分,班主任很惊讶,让我上台做学习分享,我很认真地把康奈尔笔记法、费曼学习法分享了一下。我的同桌成绩很好,是我们班级第一名。从她那里,我学到了康奈尔笔记法、费曼学习法以及她独创的一些学习方法,我在学习上突飞猛进。不得不说,有个学习好又会照顾人的同桌就是好。慢慢地,我仿佛打通了任督二脉,能做到不依靠她也能做好某件事,我的天赋好像觉醒了。

03
故事三

高中毕业那年暑假,我去了一家培训学校做暑假工。我只是兼职,给自己的定位很简单——体能教练。在一次外出招生的过程中,领导看我积极性很高,让我独领一队。当了解了附近各个小学到我所在培训学校的距离以及各个群体的需求量和消费能力后,我开始制订计划。在为时三周的边布局边实践的努力后,校区较上一年营业收入翻了四倍,我也名正言顺地坐上了校区负责人的宝座。通过这一系列的布局、营销、观念植入,我的天赋彻底觉醒了。

到了大学一年级,我争取到了去上海实习的机会,做心理学老师的助教,和年过半百的语文老师成为无话不谈的挚友,接替体育老师去带领同学们训练。**当我做我擅长并且有价值的事情的时候,我仿佛找回了天赋。**

毕业后,在上海实习的我被一个嘉兴老板挖走,成为他的得力助手。

实现价值且变现的方式无非是打造产品力和营销力。我和老板一个负责打造产品力,一个负责打造营销力。谈业务有疏漏的地方,另一个人来补充;一个人犹豫的时候,另一个人拍板。那种配合默契的感觉太棒了!发年终奖的时候,老板有很多话想对我讲,但是话到嘴边,他只讲了一句:"业务之所以壮大,是因为只要我带上他,他带上嘴,就没有谈不成的事。"我想,我真的找到自己的天赋了吧。

后来,对于任何一个项目,不管是体育类还是益智类,抑或学一些复杂的概念、技能,我都能快速学会,比如,自己复原魔方,一周学会飞盘,三天学会冲浪,90分钟学会国际象棋,还体验了棒球、网球、钢琴、攀岩……

真是应了那句话:"勇敢的人先享受世界,主动的人先把握机会。"在此之前,找到自己的天赋,才能快乐加倍。

有人问我:"为什么你做事、学习如此有天赋?"

我说:"我只是在体验不同的生活,顺便找到了自己的天赋。"

当听到"天赋"二字的时候,大家不要灰心。虽然一般来说,能力是可以复制的,天赋是不可学会的,但是我告诉大家,能力可以复制,天赋也可以复制。找到思维模型的底层逻辑,就可以势如破竹,一通百通。

虽然一般来说，能力是可以复制的，天赋是不可学会的，但是我告诉大家，能力可以复制，天赋也可以复制。找到思维模型的底层逻辑，就可以势如破竹，一通百通。

三步解锁
领导力

白 雪（白明红）

慧园商学院联合创始人
自媒体实战运营专家
《卓越》联合作者

在这个竞争激烈的时代,领导力已成为个人在各个领域脱颖而出、组织在激烈竞争中制胜的关键要素。那么,究竟如何解锁卓越的领导力呢?让我们通过以下三个步骤,并结合实际训练和生动的故事来深入探讨。

01

自我认知:领导力的基石

自我认知是解锁领导力的第一步,也是最重要的基础。只有真正了解自己,才能有效地领导他人。

(一)深入剖析自我

首先,我们需要对自己的性格特点、优势和劣势进行全面的剖析。可以利用性格测试工具,例如乐嘉老师、李海峰老师和波哥(毕鸿波)讲的 DISC、FPA 性格色彩来更好地了解自己的性格倾向。如果你是一个外向型红色性格的人,可能在团队沟通和激励方面具有天然的优势;如果你是一个内向型蓝绿性格的人,则可能在深度思考和战略规划方面表现出色。

其次,反思自己的价值观和信仰。明确自己在工作和生活中最为看重的是什么,这将决定你的领导风格和决策方式。比如,如果你坚信公平正义,那么在领导团队时就会更加注重决策的公正性和透明度。

(二)接受他人反馈

仅仅自我剖析是不够的,我们还需要积极主动地接受他人的反馈。这包括上级领导、同事、下属以及家人朋友等人的反馈,他们从不同的角度观察我们的行为和表现,能够提供宝贵的意见和建议。

可以定期组织360度反馈会议,邀请身边的人对自己的领导能力进行评价。在接受反馈时,要保持开放的心态,不要抵触或辩解。认真倾听他人的意见,将其视为自我提升的机会。

例如,我刚担任经理后不久,接收到一名团队成员的反馈,我意识到自己在沟通时过于强势,导致部分成员不敢表达自己的想法。于是,他开始努力调整自己的沟通风格,更加注重倾听和尊重他人的意见,从而提高了团队的凝聚力和工作效率。

(三)实际训练方法

为了更好地提高自我认知能力,可以进行一些实际的训练,比如,每天花一定的时间进行自我反思,记录自己当天的行为和决策,分析其中的优点和不足之处。也可以参加领导力工作坊或培训课程,通过与其他领导者的交流和互动,进一步加深对自我的认识。

此外,进行冥想练习也是一种有效的方法。冥想可以帮助我们让内心平静下来,提高自我觉察能力,更好地了解自己的情绪和思维模式。

02
持续学习:领导力的动力源泉

持续学习是领导力不断提升的动力源泉。在快速发展的时代,知识和技能的更新换代非常快,领导者必须保持学习的热情和好奇心,不断充实自己。

(一)广泛涉猎

领导者应该广泛涉猎多个知识领域,包括管理学、心理学、经济学、社会学等。这些知识可以帮助我们更好地理解人性、组织行为和社会趋势,从而做出更加明智的决策。

例如,学习心理学可以让我们更好地了解团队成员的需求和动机,采取更加有效的激励措施;学习经济学可以帮助我们分析市场趋势和竞争态势,制订更加科学的战略规划。

(二)向他人学习

除了书本知识,我们还可以向身边的成功领导者学习。观察他们的领导风格、决策方式和沟通技巧,从中汲取经验和智慧。

可以通过参加行业会议、加入专业组织、与其他领导者进行交流等方式,拓展自己的人脉资源,学习他人的成功经验。同时,也要善于从失败的领导者身上吸取教训,避免重蹈覆辙。

比如,史蒂夫·乔布斯以其卓越的创新精神和领导能力成为众多领导者的榜样。他对产品设计的执着追求、对用户体验的高度重视以及对团队的激励和引导,都值得我们学习和借鉴。

(三)实际训练方法

为了保持持续学习的状态,可以制订一个学习计划,明确自己的学习目标和方法,比如,每月阅读一本与领导力相关的书,参加一次行业研讨会或培训。

同时,要将学习到的知识和技能应用到实际工作中,通过实践来检验和巩固所学内容。可以尝试新的领导方法和策略,观察其效果,并及时进行调整和改进。

例如,我就是在上了徐豪老师的领导力课程,学习了团队赋能、团队建设等相关知识后,大胆地在公司内部推行团队合作项目。通过明确团队目标、分配任务、建立沟通机制等措施,有效地提高了团队的协作能力和工作效率。

03 激励他人:领导力的核心体现

激励他人是领导力的核心体现。一个优秀的领导者不仅能够自我激励,还能够激发团队成员的潜力,共同实现目标。

(一)了解团队成员需求

要激励他人,首先需要了解团队成员的需求和期望。每个人都有不同的动机和目标,领导者要善于发现并满足他们的需求。

可以通过一对一的沟通、问卷调查等方式,了解团队成员的职业发展规划、兴趣爱好、工作压力等情况。根据他们的需求,制订个性化的激励措施。

例如,对于渴望职业发展的员工,可以提供培训机会和晋升通道;对于注重工作、生活平衡的员工,可以给予灵活的工作安排。

(二)给予认可和奖励

及时给予团队成员认可和奖励是激励他们的重要方式。当团队成员取得成绩时,要毫不吝啬地给予表扬和奖励,让他们感受到自己的努力得到了认可。

奖励可以是物质的,也可以是精神的,比如,颁发奖金、奖品或者给予荣誉称号、公开表扬等。同时,要注重奖励的公平性和公正性，让每个人都有机会获得奖励。

我曾经业绩严重下滑，幸好上了徐豪老师的领导力课程、张龙老师的导师班课程，又学习了波哥的 DISC 识人术，利用学到的知识，我在实践中逐渐锻炼出卓越的领导力，业绩不断攀升。这位领导者非常注重对团队成员的认可和奖励。每当有员工完成重要销售任务时，他都会亲自送上一份小礼物，并在团队会议上公开表扬。这种做法极大地激发了员工的工作积极性和创造力，使得整个团队充满了活力。

(三) 实际训练方法

为了更好地激励他人，可以参加激励技巧培训课程，学习如何有效地表扬、鼓励和奖励团队成员。同时，要注重自身的言行举止，成为团队成员的榜样。

在实际工作中，可以定期组织团队活动，增强团队凝聚力和归属感，例如，开展户外拓展活动，举办团队聚餐等。通过这些活动，让团队成员在轻松愉快的氛围中交流和互动，增进彼此之间的感情。

总之，解锁领导力需要通过自我认知、持续学习和激励他人这三个步骤。在这个过程中，我们要结合实际训练和生动的故事，不断探索和实践，逐步提升自己的领导能力。只有这样，我们才能在复杂多变的环境中带领团队取得成功，实现个人和组织的共同发展。

总之，解锁领导力需要通过自我认知、持续学习和激励他人这三个步骤。

创千秋智慧城市，
铸非凡科技人生

周　阳

青年创业导师
高能量疗愈师
硬科技投资人

在 21 世纪的科技浪潮中,智慧城市的概念如同一颗璀璨的星辰,引领着未来城市发展的新方向。而我,一个怀揣科技梦想的探索者,决定投身这股浪潮,创立一家专注于智慧城市解决方案的科技公司。这段旅程,不仅是对技术创新的不懈追求,更是对"创千秋大业,铸非凡人生"理念的深刻践行。

01
梦想的萌芽与启程

创业的种子往往在不经意间播下。在我大学三年级的一个夜晚,我有幸聆听了青年创业导师郭俊峰的千人演讲"24 岁的总裁"。郭俊峰老师通过自己的亲身经历,讲述了如何从在校园销售电话卡起步,逐步积累财富,并最终创办越众网,为全国大学生提供创业指导的传奇故事。这场演讲深深打动了我,激发了我内心深处渴望改变和创新的激情。故事始于一个简单而坚定的梦想:用科技改变城市,让生活更美好。在大学时代,我便对智慧城市的概念产生了浓厚的兴趣。随着对物联网、大数据、云计算等技术的深入了解,我意识到这些技术能够极大地提升城市管理效率和居民生活质量。

2015 年初,"雾霾"成为一个热点话题,引发我对科技与城市发展的深刻洞察,思考我通过科技能为环境改善做些什么。随着城市化进程的加速,交通拥堵、环境污染、资源浪费等问题日益凸显,而科技的进步为解决这些问题提供了可能。**智慧城市的理念,正是将信息技术、物联网、大数据等前沿科技与城市规划、管理、服务深度融合,以实现城市的智能化、绿色化、可持续化发展。**

在大学期间,我就对计算机科学、数据分析和物联网技术产生了浓厚兴趣,并积极参与相关项目实践。这些经历不仅让我打下了坚实的理论基础,也激发了我对智慧城市领域的无限憧憬。毕业后,在中国移动任职7年,服务两千多家政府、企事业单位之后,我决定放弃稳定的工作,投身于智慧城市科技公司的创立之中。

02
创业中的酸甜苦辣

在智慧城市的创业旅程中,我走过一段充满挑战与成长的路,它让我尝到了酸甜苦辣等各种滋味。

(一)酸:资金紧张与团队分歧

创业初期,资金紧张是每个创业者都可能面临的问题,我们团队也不例外。在一个关键的项目研发阶段,我们的资金几乎耗尽,但产品还未达到预期的成熟度。那段时间,团队成员的压力巨大,分歧也开始显现。一些成员对于项目的发展方向产生了不同的看法,甚至有几位核心成员提出了离开。作为团队的领导者,我必须做出艰难的决定,既要保证项目的继续,又要尽力挽留团队的骨干。那些日子,我几乎每天都在与银行、投资机构沟通,试图争取更多的资金支持,同时还要安抚团队成员,处理内部的分歧。那种压力和不确定性,让我深刻体会到了创业的"酸"。

(二)甜:产品成功与市场认可

经过无数个日夜的努力,我们的产品终于在一次行业展会上大放异彩。我们的智慧城市解决方案以其创新性和实用性吸引了众多目光,包括一些重要的潜在客户和投资者。那一刻,所有的疲惫和压力似乎都烟消云散了。市场的认可给了我们巨大的信心和动力,也让团队成员之间的分歧得到了化解。我们开始收到更多的合作邀请,资金问题也得到了解决。那种成功的喜悦和团队的团结,是创业过程中最甜蜜的时刻。

(三)苦:技术挑战与不断学习

智慧城市领域的技术更新速度非常快,这要求我们必须不断学习和适应。在一次重要的项目实施中,我们遇到了一个技术难题,它超出了我们现有的知识范围。为了解决这个问题,团队成员不得不加班加点,甚至牺牲了周末和法定假期。那段时间,我们几乎住在了办公室,每天都不断写代码、测试、调试。虽然过程艰苦,但通过这次挑战,我们的技术能力得到了极大的提升,也为后续的项目打下了坚实的基础。

(四)辣:竞争压力与快速应对

在智慧城市解决方案这个竞争激烈的市场中,我们必须时刻保持警惕,快速应对市场的变化。有一次,我们的一个主要竞争对手突然发布了一个与我们产品非常相似的解决方案,这对我们的市场地位构成了威胁。面对这种突发情况,我们迅速召开了紧急会议,分析竞争对手的产品,并调整我们的产品策略。我们加快了产品迭代的速度,增加了新的功能,以保持我们的竞争优势。那种紧迫感和压力,就像辣椒一样,刺激着我们的神经,推动我们不断前进。

虽然充满了酸甜苦辣,但正是这些经历提高了我们团队的韧性和创新能力。**每一个挑战都是成长的机会,每一个困难都是通往成**

功的必经之路。

每一个伟大的创业故事都始于一个梦想,它像一盏明灯,照亮前行的道路,驱使我们走上追逐创业梦想的探索之旅。青春是梦想的起点,它能引领我们走向更广阔的天地。

03

激荡人生路,跌入人生谷底

然而,残酷的市场很快给了我当头一棒。随着产品推向更广阔的市场,我们遭遇了前所未有的竞争压力。竞争对手的产品更新迭代的速度更快,市场策略更为灵活,我们的产品逐渐显得竞争力不足。销售额开始下滑,资金开始紧张,团队的士气也受到了影响。随着时间的推移,团队内部的矛盾也开始显现,一些核心成员对于公司的未来发展产生了分歧,对于产品的方向和公司的管理方式感到不满。在一次关键的会议上,争论升级为激烈的争吵,最终导致了团队的分崩离析。一些成员选择离开,去寻找更稳定的工作,而留下的成员也士气低落。资金的枯竭是压垮骆驼的最后一根稻草,在一次重要的融资谈判失败后,公司的现金流彻底断裂。我们不得不削减成本,裁员,甚至开始考虑关闭公司。那段时间,我几乎每天都在焦虑和失眠中度过,思考如何挽救这个曾经充满希望的创业项目。

04 绝境逢生,触底反弹

跌入谷底的经历是痛苦的,但也给了我反思的机会。我开始重新审视自己的创业理念,分析失败的原因。我意识到,创业不仅仅要重视产品和技术,更要重视团队、市场和资金管理。我也认识到,作为领导者,我要更加坚韧和有智慧,才能带领团队走出困境。

在最黑暗的时刻,我决定不放弃。我开始四处寻找新的资金来源,与潜在的投资者进行沟通。同时,我重新调整了产品策略,更加注重市场反馈和用户需求。经过几个月的努力,我们终于获得了一笔关键的投资。这笔资金不仅缓解了我们的财务压力,也为我们带来了新的市场机会。有了这次跌入谷底的经历,我和我的团队变得更加坚韧和团结。我们重新出发,带着更加清晰的方向和更加坚定的决心。**虽然前路依然充满挑战,但我们相信,只要我们团结一心,勇敢面对困难,就一定能够创造出属于我们的辉煌。**

05 成功的喜悦

尽管创业之路充满艰辛与挑战,但成功的创业所带来的收获与成长是无与伦比的。

(一)物质财富与经济独立

创业的成功往往伴随着丰厚的物质回报。当企业逐渐发展壮大,盈利能力不断提升,创业者不仅能够实现个人经济独立,还能为家庭、社会创造更多的财富。这些物质财富为创业者提供了更好的生活品质与发展资源,使其能够进一步拓展事业版图,实现更大的人生目标。

(二)个人能力与综合素质提升

在创业过程中,创业者需要面对各种各样的问题,这无疑是对个人能力与综合素质的全方位考验与锻炼。从市场营销、财务管理到团队领导、战略规划,创业者在不断解决问题的过程中,积累了丰富的经验,提升了自身的专业技能与管理能力。同时,创业还培养了创业者坚韧不拔的毅力、勇于创新的精神、敏锐的市场洞察力以及卓越的领导才能等多方面的优秀品质,使其成为一个更加全面、成熟的商业领袖。

(三)社会影响力与价值创造

成功的创业企业不仅为自身创造了价值,还对社会产生了积极而深远的影响。通过提供优质的产品或服务,满足了社会大众的某种需求,提高了人们的生活质量;创造了大量的就业机会,带动了相关产业的发展,为社会经济的繁荣做出了贡献;在科技创新、文化传播、社会责任等方面也发挥了重要作用,成为推动社会进步与发展的重要力量。创业者通过创业实现了个人价值与社会价值的有机统一,收获了来自社会各界的尊重与认可,这种成就感与荣誉感是无法用金钱衡量的。

(四)丰富人生体验与人脉资源积累

创业之路犹如一次丰富多彩的人生旅程,其间充满了酸甜苦辣、喜怒哀乐。创业者在这个过程中经历了无数次的挑战与突破、挫折与成功,这些宝贵的经历丰富了他们的人生阅历,成为他们人生中最宝贵的财富。同时,创业还让创业者结识了来自不同领域、不同背景的优秀人才,建立了广泛的人脉资源网络。这些人脉资源不仅为企业发展提供了有力的支持与帮助,还为创业者个人的成长与发展创造了更多的机会与可能。

总之,创业之路是一条充满挑战与机遇、艰辛与收获的道路。它需要创业者怀揣梦想、坚定信念,具备敏锐的市场洞察力、卓越的创新能力、强大的执行力以及坚韧不拔的毅力。在创业过程中,不断学习、成长与突破,勇敢面对各种困难与挑战,才能在创造多彩人生的同时,为社会发展贡献自己的力量。让我们勇敢地踏上创业之路,用激情与智慧书写属于自己的辉煌篇章!

"传奇时代,铸就传奇人生。"在这个充满机遇与挑战的时代,每个人都有机会书写属于自己的传奇篇章。只要我们勇敢地追求梦想,坚持不懈地努力,就一定能够创造出属于自己的非凡人生。非凡,不是超越他人,而是不断超越自我,将平凡做到极致,成就不平凡。让我们一起,用智慧和勇气,铸就非凡人生。为城市造福,为中国造福,为世界造福,为人类造福。

总之，创业之路是一条充满挑战与机遇、艰辛与收获的道路。它需要创业者怀揣梦想、坚定信念，具备敏锐的市场洞察力、卓越的创新能力、强大的执行力以及坚韧不拔的毅力。

在路上遇见

雷安军

软件工程师
心理咨询师
终身学习践行者

01
逐梦京华,逆旅扬帆

2013年8月,一个骄阳似火的夏日,我背着沉重的书包,拖着装满憧憬与未知的拉杆箱,独自一人踏上了开往北京的火车。那是我第一次离开熟悉的家乡,奔向远方,也是第一次搭上火车,开启北漂的旅程。当火车缓缓启动,望着窗外不断后退的风景,田野、村庄、山峦犹如幻灯片快速切换,家乡越来越远,我心里五味杂陈,既有对未知的恐惧,又有对未来的无限期待。但一想到自己的愿景,便无暇顾及旅途的疲惫,满心都是对北京的幻想与期待。那是一座怎样的城市?是历史与现代交织的场地,还是梦想与挑战并存的竞技赛场?我不得而知,但心中的那份好奇与渴望,如熊熊烈火般燃烧不息。

经过漫长的旅途,火车终于抵达了北京西站。当我踏出车厢的那一刻,嘈杂的人声、熙熙攘攘的人群瞬间将我淹没。那巨大的车站、错综复杂的通道,让我感到无比的渺小和慌张。我不知道该往哪个方向走,不知道如何找到接新生的组织,更不知道学校究竟在城市的哪个角落,甚至有那么一瞬间,我怀疑到的地方究竟是不是北京,孤独和无助涌上心头。幸好,在火车站出口处,我看到了一块指示牌,上面有各大学校新生接待处的信息。那一刻,我仿佛看到了救命稻草,急忙拖着行李朝着指示的方向奔去。终于,在一个角落里,我找到了学校的接待点。看到亲切的学长学姐们,我的心一下子落了地。他们热情地招呼我,帮我拿行李,安排我坐上前往学校的车。坐在车上,望着繁华的北京街道,我心中的不安渐渐被兴奋所取代。**我知道，从这一刻起，我的新生活正式拉开了帷幕。**

02
心若浮舟，梦似荒丘

  大学四年，就像一次盛大的自我重塑之旅。犹记得初来乍到，我带着山区农村人的质朴与懵懂，踏入这座繁华都市，像一只初入繁华丛林的小鹿，满心都是新奇与惶惑。初次看到地铁，金属的光泽与呼啸的风声，让我对这个城市的便捷交通惊叹不已，那是我第一次知晓地铁为何物；林立的高楼大厦、车水马龙的街道，无不在拓宽我的眼界；专业知识的学习，如同一把神奇的钥匙，开启了一扇又一扇通往不同领域的大门；而来自五湖四海的朋友，更为我的生活增添了斑斓色彩。

  然而，大学的时光并非全然明亮。在学业的道路上，我似一叶失去航向的孤舟，每日为了学习而学习，为了考试而考试，内心的热情如被风沙掩埋的火种，快要熄灭。没有明确的方向，没有远大的目标，那些本应去拼搏历练自我的日子，被迷茫的阴霾悄然笼罩。

  大学毕业后，本以为会拨云见日，却不想工作后的迷茫如影随形，且愈发浓重。曾经对知识的渴望被懒惰吞噬，我不爱看书，在动漫的二次元世界里消磨时光，宅在家中的日子仿佛按下了时间的快进键。疫情三年，我竟有两年时光消磨于游戏中。时光匆匆，危机感如汹涌潮水将我围困。我望着镜子中那个逐渐失去锐气、眼神空洞的自己，往昔的梦想在岁月深处闪烁着微弱的光。那些在山区田野间奔跑时对未来的憧憬，初入大学时的壮志豪情，都去了哪里？

我深知不能再这样沉沦,虽身处迷茫的泥沼,可心中依旧有个声音在呐喊,在催促我奋力挣脱这被恐惧包围的无形枷锁。每一次对过去荒废时光的悔恨,都化作想要改变的决心,如点点星光,在黑暗的夜空汇聚,试图照亮前行的崎岖小径,引领我从这迷茫的旋涡中破浪而出,重新找回那个怀揣希望、勇往直前的自己。

03

读万卷书,行万里路

2022年6月,似有一道曙光穿透心灵的阴霾,我毅然踏上了学习改变的漫漫征途。我深知,若无破茧之痛,何以迎来新生。唯有经历痛苦的磨砺,方能挣脱桎梏,实现自我的华丽转身。于是,我决然地告别了那温暖却狭隘的舒适圈,向着未知的广阔天地进发,去探寻那隐匿于生活褶皱中的无限可能。我始终坚信,所有我所需,都已在我身心里。**自己本就蕴含着无尽的潜能,犹如一颗蒙尘的明珠,只需拂去尘埃,便能绽放璀璨光芒。**

自那时起,我投身于形形色色的培训班,结识了来自各行各业的朋友。他们如同繁星点点,点缀了我原本单调的社交圈,让我看到了生活的多元与精彩,也拓宽了我对世界的认知边界。

与此同时,我与书结下了不解之缘。散发着墨香的典籍,成为我心灵的挚友。我沉醉于文字的浩瀚海洋,在字里行间探寻智慧的宝藏,以终身学习践行者的身份,矢志不渝地追寻着自我成长的真谛。不仅如此,我还拿到了心理咨询师资格证,深入学习 DISC 性格理论,努力学习国学文化,坚持千日精读。每一次学习都是一次灵魂的升华,让我在自我成长的道路上越走越稳,一步步向着心中热爱的那片理想天地靠近。

我深知过往经历略显苍白,难以描绘生命的绚丽多彩,便以书为翼,以路为径,踏上了"读万卷书,行万里路"的征途,去经历世间百态,去体验人情冷暖。正所谓"见自己,见天地,见众生",在半年时光里,我的足迹遍布大江南北。在湖南长沙橘子洲头,伟人的豪迈气概如同一股磅礴的力量注入我的心田;于广东广州和深圳,现代都市的繁华与创新活力让我惊叹不已;站在山东青岛的海边,那浩渺无垠的大海使我感受到了自身的渺小;踏入山西大同,古老的历史文化如同一部厚重的史书,在我面前徐徐展开;置身安徽合肥,科技与人文的交融碰撞出绚烂的火花;漫步江苏苏州,那温婉的江南水乡风情如诗如画,让我沉醉其中;来到陕西西安,千年的历史遗迹仿佛在默默诉说着往昔的辉煌与沧桑,让我在时空的交错中领悟人生的真谛。

每一段旅程,都是一次心灵的洗礼;每一次邂逅,都是对自我认知的重塑。 我在这广阔天地间穿梭,只为充实自己的人生行囊,寻觅那与生俱来的天赋力量,从而开辟出一条独一无二的崭新人生路,向着未来的光明彼岸奋勇前行,书写属于自己的辉煌篇章。

记住一句话,永远不要停下前进的脚步,它是你与生俱来的天赋。所以不要回头,走你自己认为正确的路,准备迎接崭新的人生。宁可在前行途中因尝试而犯错,也不可选择无所作为的怯懦。你可以走慢些,但绝不能后退,别忘了大雨滂沱没有伞的日子。要想变得超乎常人的强大,必须在三到五年的时光里去潜心沉淀,以近乎疯狂的姿态付诸行动,展开全方位的深度锤炼。这其中涵盖了人性层面的雕琢,使其更加坚韧与豁达;勇气维度的锻造,让无畏成为前行的底色；心力范畴的强化，足以面对重重困境而不倒；专业领域的精研，构建起坚实的竞争壁垒。而这一切，皆是与个人命运紧密相连、决定命运走向的核心锤炼要素。唯有如此，方能在逐梦之途开辟独属自己的康庄大道，实现从平凡到卓越的跨越。

总之，永远不要停下前进的脚步，因为你不知道，你的改变能让你在未来有多么耀眼。

04
穷山巨海，追光前行

在这广袤世间，众生仿若蜉蝣，沧海一粟，天地浩渺无垠，时光却如矢掠影，人类的渺小在历史的宏涛巨浪前尽显无遗。历史的演进如沧海，深邃而浩博，当我踱步于图书馆的幽径，或徘徊于博物馆的回廊，被书海重重围困，不禁喟然长叹：世间知识如繁星般璀璨，我穷极一生，这一切又岂是我以一己之力所能承载的？我唯有竭力探寻属于自己的天命之途，寻觅那份能让心灵为之燃烧的热爱。站在巨人之肩，凝视前行之路，那些与天命之路背道而驰的知识与诱惑，不应成为前行的阻碍，权当是沿途五彩斑斓之风景。

我听过最有力量的一句话："真正的强大是允许一切发生！"允许自己走错路，允许愚蠢与短浅的存在，允许自己看错人，允许工作为难你，允许别人不喜欢你，允许遗憾……允许一切发生后，你将变得柔软与轻松。真正的内心强大不是对抗，而是接受世事无常。

《大鱼海棠》里有这么一句台词："这短短的一生，我们最终都会失去，你不妨大胆一些，去爱一个人，攀一座山，追一个梦。"人生最好的贵人,就是努力向上的自己。生活恰似一位公正的裁判,从不会辜负任何一位在逐梦途中奋力奔跑、拼搏不止的行者。

  愿你我皆能在各自心之所向、情之所系的道路上坚定不移地跋涉,在岁月的长河中砥砺深耕,笃行致远,邂逅那个更加卓越、更加璀璨的自己,书写属于我们的荣耀华章,让生命绽放出更为绚烂的光彩。

生活恰似一位公正的裁判，从不会辜负任何一位在逐梦途中奋力奔跑、拼搏不止的行者。

100摄氏度的
沸腾人生

李金鸽

曾任职于某500强央企
儿童阅读指导师
轻读书会执行会长

在人生的长河中，我们每个人都是航行者，有的人选择顺流而下，享受平稳而舒适的旅程；而有的人则选择逆流而上，不断挑战自己，追求沸腾的激情。**我，选择了后者。**

01
温水煮青蛙的安逸

前 25 年，我的生活就像一壶 99 摄氏度的水，平静，缺乏那 1 摄氏度的沸腾。我生活在一个普通的三四线城市，在一个工薪家庭里，过着父母眼中完美的生活。高中毕业后，上大学，专业是父母选择的。大学毕业后，我进入了四大国有银行之一。工作稳定后，相亲、结婚、生子，一切都按照既定的轨迹进行。

在我们当地，女孩子有一份稳定的工作，找一个有稳定工作的老公，就是人生大赢家。我，成了别人眼中的人生大赢家。

02
光环背后的迷茫

刚工作时，我也曾沾沾自喜，因为我作为一个个体很小，光环是单位赋予的。我在一个偏僻的网点工作，一周回家一次，做前台工作，技术含量不算高，每天做的大多是重复性工作。我像个机器一样，上班下班，生活仿佛一潭死水。

记得有一次，单位有一个让员工上台分享的机会，领导指派了我。得知消息后，我忐忑不安地在工作之余练习了两天。当轮到我发言时，我的手冰凉却出汗，照着稿子声音颤抖着念了出来。事后同事告诉我，在台上我的腿一直在不停地来回动。

从那以后，每当我看到身边的同事上台侃侃而谈，内心都会有一个声音："平时工作时看起来一样，上台后的他这么厉害！他可以，我却不行。"在DISC性格测试中，我是大红色的性格，是很喜欢被人看到的，但我当时的状态更多的是低能量的情绪红、暴躁红、任性红。害怕什么就去做什么，我在短视频平台看到了一个成人演讲的培训机构（新励成），于是抱着试一试的心态开始学习。

03
命运的转折点

在这里，我遇到了改变我命运的贵人——唐山校区的王校长。毕业后第一次付费学习，刚得知要花费我接近一个月的工资时，我犹豫了。当时王校长说可以借钱让我来上课改变，我被他的诚意打动，于是克服了所有困难，上完了"当众讲话"这门课程。

当时，校区老师说优秀学员可以参加200多人的年度峰会，我听了一笑，觉得这件事和我没什么关系。但通过这次学习，我从两点一线的生活中看到了一点点外面的世界，看到了各行各业的人以及原来有这么多人在成年后不断提升自己。王校长推我一把的力量让我有勇气改变，也让我明白了"成交即成就"的道理。

04

寻找沸腾的 1 摄氏度

2021 年春天的一个傍晚,我坐在现金区的大玻璃窗后面,望着外面小树新长出来的嫩绿叶子,开始自问我想要的生活是什么。我的生活总像那 99 摄氏度的水,缺乏那 1 摄氏度的沸腾。2021 年秋天,我依旧坐在现金区的大玻璃窗后,望着外面金黄的树叶一片片凋落,我觉得我应该活出能量红,于是开始遵循自己的内心,给生命寻找那 1 摄氏度的精彩,于是我决定从老家辞职来到北京。

来到北京后,新的节奏、新的环境,却没有新的朋友,在这人来人往的大城市中,我决定再一次踏进新励成的大门。

我很幸运,认识了秦婉玲会长——新励成脱口秀创始会长。当时正值招募脱口秀第三季的演员,我内心是很想参加的,但毕竟没接触过,所以还是有点忐忑,秦会长一直鼓励我。

我们第一次对稿子是在线上,我记得我念完自己写的稿子后很害怕,觉得自己写得不够好,但同学们给了我很大的肯定和鼓励,会长还动用了很多人脉,请来专业人士给我们做培训。最后,我争取到了登上新励成年度峰会的机会。没错,就是开始报名时,课程老师说的优秀学员才可以登上的那个 200 多人的大舞台。

在一次又一次的彩排和改稿后,我紧张地站上了 200 多人的舞台,看到了秦会长在台下为我鼓掌,观众也为我呐喊。渐渐地,我好像身体没有那么僵硬了,讲出来的话也更自然流利了。讲完后下台,主持人为我竖起了大拇指。就这样,我完成了我的脱口秀首秀,同时做到了我曾经想都没想过的事——站到了年度峰会的舞台上。

05
挑战自我,超越极限

很多事情不是我不行,是我认为我不行。我想过我能出书吗?从来没想过。上学时,写作文对我来说是一大难题。慢慢地,虽然我在公众平台上会写一些文章,但说到出书,我从没奢望过。

前几天,我收到了新励成同学、天津落户专家波哥的出书邀请,很意外,也很惊喜。意外的是我能被优秀同学看到并想起,惊喜的是我将面临一次新的挑战。我很喜欢和朋友一起"打仗",也很享受"打胜仗"的感觉。虽然刚生完孩子,还在月子期,但我几乎没有犹豫就决定做这件事。生活中有很多机遇,就看我们能不能识别和抓住它们。**生活需要挑战,不给自己设限,这正是我想要的沸腾人生。**

06
结尾

生活,就像一杯茶,不经过沸水的洗礼,永远散发不出深藏的清香。我的故事只是亿万人生故事中的一个,但它告诉我,也告诉每一个正在阅读的人:不要害怕挑战,不要害怕改变,因为每一次挑战都是一次成长的机会,每一次改变都是一次自我超越的旅程。

在这个充满无限可能的世界里,让我们勇敢地迈出每一步,不断挑战自己,活出那1摄氏度的沸腾,活出最精彩的人生。因为,生活不只眼前的苟且,还有诗和远方。让我们一起,用挑战点燃激情,用激情照亮未来,用未来定义自己。这,就是我的故事,一个关于不断挑战自我的故事。

让我们一起，用挑战点燃激情，用激情照亮未来，用未来定义自己。

从坚韧到自我
成长的蜕变

张扬邝

人力资源管理师
公益演讲俱乐部会长
助农社群运营创始人

我是张扬邱，一位拥有超过 10 年经验的人力资源管理师，擅长通过策略性的人力资源规划，为企业的发展注入源源不断的动力。同时，我还担任新励成公益演讲俱乐部会长，致力于推广公益演讲，通过语言传递正能量。此外，还兼任卓越读书会的副会长，鼓励更多人通过阅读拓宽视野、提升自我。

我是一个看似柔弱，实则内心无比强大的女子。我的人生经历就像一部跌宕起伏的电视剧，充满了挑战与变故，但正是这些经历让我变得更加坚韧和勇敢。

我出生在一个普通的农村家庭，家里有两个孩子，即我和妹妹。我从小就很坚强，感觉妈妈是把我跟妹妹当男孩养大的。家里和地里的活我都干，而且干得比男孩都快，力气也比同龄人大，正是这样的成长环境，锻炼出了我不怕吃苦的精神。小时候，只要一放假，我妹妹就跟爸爸一起做生意，卖水果、卖海鲜……有什么就卖什么。在我爸的字典里，就没有"怕"字，不管生活多艰苦，他从来没流过一滴眼泪。他想好的事情，第二天就会去干，绝对不内耗，他的脾气也大。我爸经常跟我说的一句话就是："鼻子底下是啥啊？嘴。不知道就问啊！"在爸爸妈妈的教育之下，我跟妹妹骨子里都像男人似的，尤其看到男生干活嫌累的时候，心里很鄙视，心想：一边去，让我来！

我的爱人是一名软件工程师，也就是大家常说的程序员。他从小就是学霸，高中时以全校第一的成绩考进了北京工业大学。他的专业性很强，非常喜欢钻研。遇到问题时，他总是判断、怀疑、思考，找各种漏洞。

他的这种蓝色性格，与他的原生家庭有着很大的关系。他的底色应该是大红色，但他实际上是蓝色的性格。什么样的生长环境，导致他这样呢？

这得从他小时候说起。我的爱人父母在他很小的时候就离异了，他跟着母亲生活。他的母亲，也就是我的婆婆，为了儿子一直没有再婚。婆婆一个人扛着家里的一切，上班时就把他关在家里，除了看看窗外的小鸟，他其他时间都在看书，一目十行，不在话下。当然，性格也变得孤僻起来。

我婆婆就是一个典型的黄色性格的人，年轻时火气就特别大。对待儿子，她采取包办式的教育方式。上学时，就让他只管学习，其他什么都不用管；工作时，也是让他只管工作，其他什么都不用管。这导致他现在除了工作，其他的事情真的什么都不管。

我们是相亲认识的。认识的时候，我们都快30岁了。两个不会谈恋爱的人走到了一起，多大的缘分！记得相处半年的时候，有一天，他跟我说："跟你说一件事，你能别离开我吗？"我当时很惊讶地盯着他，他说："我爸妈在我小时候就离婚了，现在刚复婚不久。"说完就低下头，眼睛不敢看我，我能感觉到，他很害怕我离开他，我当时特别用力地抱住他说："放心吧，我不会离开你的。"

当我的家人知道这件事时，他们的反应比较大："单亲家庭太复杂！""单亲家庭，婆媳关系很难相处！""单亲家庭的孩子对婚姻没有安全感，很容易走父母的路！"我想了很久，最终还是舍不得，答应他不会离开他。最后，我勇敢地走进了婚姻。

然而，婚姻生活并没有我想象中的那么美好。由于从小生活环境不同，我们的性格反差很大。我很独立，什么都喜欢自己做；而他却完全不能离开父母，家务活从来不碰，都是婆婆过来帮他洗衣服、照顾他。婆婆的各种介入，导致我们三个人之间的矛盾越来越多。有了孩子后，矛盾更是升级了。他总是完全跟婆婆站在一起，心疼他的妈妈，跟我吵架。到后来，他甚至完全不尊重我，各种难听的话都可以说出来。吵得厉害时，他让我滚，甚至把我和孩子赶出家门。

我开始抑郁，脾气变得暴躁，情绪极其不稳定。不知道有多少次，我想放弃这段婚姻，但每次看到孩子，我都逼着自己振作起来，我必须自救！我开始出来学习，去了解原生家庭、亲密关系、亲子关系，去探究单亲家庭的人性格形成背后的原因。

越学习，我越知道父母离异给孩子造成的创伤有多大。同时，我也了解到，有的单亲家庭的孩子，如果不进行疗愈，是不适合结婚的，因为他们很容易复制父母的相处模式。**我很庆幸，自己能够及时醒悟，并开始寻找解决问题的方法。**

很幸运，出来学习时，我机缘巧合地来到了新励成。在这里，我学习了 DISC 性格色彩。我才知道，我婆婆是个黄色性格的人，这背后的原因是缺爱，于是，我开始尝试用自己学到的知识去跟婆婆相处。

每次婆婆送完孩子回家时，我都会去抱抱她。我告诉她，拥抱可以产生催产素，可以缓解压力，让她感觉到快乐。虽然我们并没有血缘关系，但拥抱却让我们之间的关系变得越来越好。

而我的爱人，由于工作压力大，经常会把坏脾气带回家里。以前，我总是直接反抗，导致吵架升级；但现在，我不会这样了。我会直接说出他的感受，跟他共情。然后，我会自己转念，去做其他的事情，分散注意力。当我学会转念的时候，我发现自己完全不内耗了。

我开始让自己忙碌起来，去做自己想做的事情。很幸运能够来到新励成，这里的同学都很爱学习、很上进，总是能够给予他人力量，帮助他人。在这里熏陶了一年半的时间，我的底层逻辑发生了改变。每次产生压力的时候，我心里就会有一个声音："一倍的压力,百倍的反击!""做就好,越做越好!"在这里,我遇到了一群有趣的灵魂。大家在一起互相赋能,互相鼓励,共同成长。

婚姻真的需要两个人共同去经营。**在婚姻中,我们都需要学会理解、包容和尊重对方**。同时,我们也需要不断地学习、成长,让自己变得更加优秀和成熟。以下是我关于婚姻的一些感悟和思考。

(一)原生家庭的影响

原生家庭对我们的影响是深远的,它塑造了我们的性格、价值观和行为模式。在婚姻中,我们需要找出自己原生家庭的影子,并努力摆脱负面的影响。

我的爱人由于父母离异,在成长过程中缺乏关爱和安全感。这导致他在婚姻中对我有着过高的期望和要求,同时也缺乏对我的尊重和理解。而我,则由于从小被当作男孩子养大,性格独立、坚强,但也有些过于强硬和固执。这些性格特质,在一定程度上影响了我们的婚姻。

(二)DISC性格色彩的启示

在新励成,我学习了DISC性格色彩。这让我更加深入地了解了自己和家人的性格特质和行为模式。通过性格色彩的分析,我更加理解爱人的内向、敏感和追求完美,也更加明白自己的外向、直接和固执。

性格色彩的学习,不仅让我更加了解自己,也让我学会了如何更好地与爱人相处。我开始尝试用更加温和、包容的方式去对待他,不再那么强硬和固执。同时,我也学会了如何更好地表达自己的感受和需求,让爱人更加了解我的内心。

(三)自我成长的重要性

在婚姻中,我们都需要不断地学习和成长。只有让自己变得更加优秀和成熟,才能更好地应对婚姻中的各种挑战和困难。

我开始尝试走出自己的舒适区,去接触和学习新的东西,不断提升自己的知识水平和技能。同时,我也开始关注自己的内心成长,学会更好地处理自己的情绪和情感。

通过不断的学习和成长,我变得更加自信和独立。我不再那么需要爱人的认可和关注,而是学会了自己给自己创造幸福和快乐。这让我在婚姻中变得更加从容和自在。

(四)家庭关系的处理

在婚姻中,家庭关系的处理也是非常重要的。我们需要学会与爱人、孩子以及双方父母建立良好的关系,让家庭成为一个温馨、和谐的港湾。

在处理与婆婆的关系时,我学会了尊重和包容。我尊重她的生活习惯和想法,同时也包容她的缺点和不足。通过不断地沟通和交流,我们之间的关系变得越来越融洽。

如果你的婚姻遇到了困难和挑战,请不要气馁和绝望,相信自己有能力去改变和创造属于自己的幸福生活。同时,也要学会寻求帮助和支持,让自己的内心变得更加坚强和勇敢。

写到这里,我的心情变得无比轻松和愉悦。我仿佛看到了自己和爱人在未来的日子里手牵手,一起走过风雨、迎接彩虹的画面。我相信,只要我们心中有爱、有梦想、有勇气,就一定能够创造属于自己的幸福生活!

我相信，只要我们心中有爱、有梦想、有勇气，就一定能够创造属于自己的幸福生活！

生命不息,
奋斗不止

于 东 生

房产争议领域专职律师
前银行专职审批人
畅销书联合作者

我是于东生，来自河北廊坊，银行业从业十年，曾担任六年专职审批人，累计审批超过 200 亿元个人贷款，现在是一名律师。

尼采曾说："人生是没有意义的，追寻人生意义的过程才是有意义的。"进入职场之前，我从来没思考过人生的意义。毕业后，为了生存，我不得不思考这个问题，我觉得人生的意义在于不断地挑战和超越过去的自己，从普通变得卓越，而这一过程需要不断奋斗、不断努力。**道理大家都懂，但是想要做到，需要借助一些力量。**

01
要事优先的力量

马斯克推崇的"第一性原理"强调"首要原则"，它要求从最基本的原理出发，通过逻辑推理，找出问题的本质和解决方案。《高效能人士的七个习惯》里也提到要把最重要的事情放在第一顺位去做。

显然对于刚毕业的我来说，第一件事就是要找个好工作，扎下根再说。

我从小性格内向，不爱讲话，在大学学的专业又很偏，很难找到对口的工作。后来一个偶然的机会，通过家里一位亲戚的介绍，我去了河北的一家国有银行信贷部实习。说是实习，其实就是临时工，连合同都没签过。2011 年，我一个月工资只有 1000 元，勉强够吃饭，主要负责整理档案、打扫卫生、电话催收等内勤工作。但我始终认为工作内容不重要，钱多钱少也不重要，重要的是这是一次机会，扎根的机会，我要通过这次机会成为一名合同工。

因为为人实在、工作勤勤恳恳、多次主动担责，我逐渐得到了主任和同事们的信任。

有一个非常重要的转机是主任安排我陪他儿子去考试。主任中年得子,40岁才有了孩子,对唯一的儿子很是宠爱。他儿子要参加国内一所知名学校的研究生复试,复试有两天,他儿子被安排在第二天。复试第一天,他儿子在被窝里睡觉,我就去找面试过的同学打探可能会被问到的问题,然后回来和主任儿子对练。后来主任儿子顺利考上了这所学校,主任非常高兴,认为我有功劳。

诸如此类,一件件小事让我逐渐得到了主任的信任和同事们的喜欢,终于在工作了一年零两个月的时候,主任推荐我跟银行签了派遣合同。要知道当时我们一起来实习的总共有六人,最后只有我一个人签了合同,留了下来。我从一名临时工变成合同工,在银行扎下了根,完成了我人生的第一件要事。

02
坚持的力量

有句话说得好:"**做成一件事,不是看到希望之后去坚持,而是坚持了之后才能看到希望。**"

在银行工作的第十年,因为房住不炒、经济下行,我所在的区域房价暴跌,出现了大量不良贷款,许多工作人员都受到了处分,还被要求退绩效,总之工作越来越难做。在权衡利弊之后,我选择了离职。为了谋生,我开始备战法律职业资格考试。对于没有法学基础的我来说,开始备考的时候非常难,有太多生疏的概念要去熟悉和理解，如什么是善意取得，什么是无因管理，什么是违法阻却事由。越学越觉得自己不会的内容很多，我很焦虑，看不到通过考试的希望，特别想放弃。但是因为自己已经辞职了，没有后路，只能破釜沉舟，咬牙坚持。我坚持每天背诵这些晦涩的概念，运用概念做题，那段时间每天只睡四五个小时，背诵了几十万字的理论和法条。后来，随着时间的推移，我发现做题越来越有感觉，做题的正确率也在不断提高，我看到了希望。

备考途中有个插曲。有一天，我早起时发现手脚脱皮，开始是点状，然后越来越严重，成块成块地起皮、掉皮。开始我以为是没有注意卫生，得了脚气，后来去医院一检查，大夫说是因为长时间熬夜，身体缺乏维生素导致的皮癣。大夫开了一瓶维生素片，我吃了几天就好了，虚惊一场。因为用脑过度，头发掉得厉害。我明白了一个道理：**在努力的同时，要注意休息，否则不知道身体哪里可能会出问题。**

经过半年的努力，我一次通过了考试。这段备考经历，让我感受到了坚持的力量。

坚持确实是改变自己、突破自己的有效方式。无论做什么，都离不开坚持。坚持有点像"复利"这一概念，就是学一样东西，前期学得缓慢，但是坚持到一定程度以后，会迅速提升。爱因斯坦曾称"复利效应"是人类第八大奇迹，所以，大道至简，想要变得卓越，坚持必不可少。

03
反馈的力量

我从小比较内向,害怕当众讲话,在银行工作的十年也一直在后台工作,只要当众表达,我就会非常紧张,所以只要遇到这样的场合我就躲。我发现不光我是这样,有一些同事也存在这个问题。我记得有一次行里组织竞聘,每个人都需要上台去做竞聘演讲,第一排坐着行领导,后面坐着行里的同事,大概有100人。有个二级部主任竞聘副职,在他上台之前,他居然紧张得晕倒了,真让人大跌眼镜。我虽然没晕倒,但全程低着头念稿,毫无自信可言,可想而知我竞聘的岗位和我无缘。

巴菲特曾说:"有一种能力你必须要具备,不管你喜欢与否,那就是轻松自如的演说能力。它是一种财富,将伴随你五十到六十年的光景。"

不夸张地讲,当众表达能力是律师的武器。为了克服紧张,提高表达能力,我参加了成人口才培训。刚上课的时候,我上台非常紧张,表现非常不好。我记得有一次课间休息的时候,和一个同学聊天,她说:"哎,你讲得不错啊!"我说:"没有,没有,我特别紧张。"她说:"一点都看不出来。"我说:"真的,真的。"然后,她话锋一转,说:"你做什么工作的呀?"我说:"我是一名律师。"空气凝固了,她若有所思,然后说:"哦,那是得练练。"听完以后,我内心拔凉。

说归说,闹归闹,谁也不能拿饭碗开玩笑。大家普遍对于一些行业的从业者的表达能力是有所期待的,会有一些刻板印象,就是你必须能讲话、会讲话、讲好话。春秋时期著名的讼师邓析曾说做好一名讼师要学会"操两可之说,设无穷致辞",可见能说会道是大家对这个行业从业人员的基本要求,所以,我报名了成人口才课程,希望通过大量练习,让自己不再害怕当众讲话。

出乎意料,我发现很多职场人都害怕舞台,如 IT 技术人员、建筑设计师这些做技术的,甚至很多学校老师、心理咨询师、婚庆主持人等靠表达吃饭的人,他们同样害怕舞台,至此,我觉得我上台发言感到紧张是正常的,对于改变自己也有了一些信心。

上了一个月课,登台了至少 20 次,我以为我不会再紧张了,但实际上,每次上台之前,我内心依然非常紧张。有时候,台下人多了,我的大脑会一片空白,脑门冒汗,我以为是我上课的量不够,于是我又上了一个月课,累计有 50 次上台的机会,但情况还是没有太大的改变。我在台上还是紧张得不行,于是我开始有一点气馁,内心产生了限制性的信念,那就是我天生内向,我无法在众人面前从容地表达。

直到我看了一本关于个人成长的书——《认知觉醒》,书中提到"无反馈,不学习",处于学习困境中的学习者总是认为,不停地学习就一定能够学有所成,从来没有想过尽快产出点什么以激励自己。**人只有拥有清晰而强烈的作品意识,精心打磨作品,注重输出和运用,重视外界的反馈,才能快速改变。**

看完这本书,回想我自己的学习过程,就是为了完成而完成。每次上台,从没想过要输出点什么,更没有看到自己的优点,获得正向反馈,精力都放在自己的不足上。于是,我准备做出改变,后来每次上台,我都录视频,然后复盘,即使表现再差,也要找到优点,强化优点并形成正反馈,让优点成为下一次上台的驱动力。我把自己练习的内容设计成了一门课程,试图帮助他人解决问题,然后不断打磨课程，努力让我的表达内容成为一个作品。通过一段时间的尝试，我在台上的表现突飞猛进，不再畏惧舞台，甚至还很享受在台上那种帮助他人的兴奋感。

说到这里，我非常想把这个学习方法推荐给大家，它就是大名鼎鼎的"费曼学习法"。输出倒逼输入，教是最好的学。通过不断地产出内容，获得正向的反馈，用反馈驱动自己成长。

我记得有位老师曾说："这是个注意力稀缺的时代，不是你影响别人，就是你被别人影响，而成为讲师是影响别人最好的方式。"对此，我深信不疑。从此，我有一个愿望，我不仅要克服紧张、提升表达能力，还要通过不断生产内容、不断反馈，让自己成为一名能讲课、会讲课、具有影响力的律师。我相信，正在读这段内容的你通过不断获得正向反馈，也可以走出自己的舒适区，去挑战更大的舞台。

04
写在最后

斯坦福大学的心理学教授卡罗尔·德韦克在《终身成长》中写道："我们获得的成功并不是能力和天赋决定的，更受到我们在追求目标的过程中展现的思维模式的影响。"《穷查理宝典》同样认为："人类社会只有发明了发明的方法之后才能发展。"同理，我们只有学习了学习的方法之后，才能进步。一个人在成长的过程中，会借用许多思维方式，不同的思维方式会展示出不同的力量，适当的力量能够加速我们的改变。要事优先、坚持、反馈的力量有利于个人的成长,是我亲测有效的经验。

有人说一个人从普通到卓越,是一步一步走过去的,而我认为掌握了正确的方法,是可以穿越到卓越去!

输出倒逼输入,教是最好的学。

去远方

李 桐 羽

百亿集团公司财务总监
某上市公司董秘
桐羽读书——全民读书发起人

受邀来写这篇文章时,我正在上海驶往北京的高铁上。回顾人生已过去 36 载,停滞了 5 年后,2017 年,全新的人生开启了。这些年,我不断挑战自己、突破自己、提升能力和见识,人生就像上了发条,不敢懈怠。

我总觉得自己学得还不够,总在思考未来我怎么才能不断突破自我。阅历即魅力,扩大视野即读书、见人、加入各种组织去破圈,成长,去远方。

作为一名财务人员,在选择这份职业之初,是想着离老板更近,学习老板如何为人处事、如何更有高度和格局、如何成就一番伟业。不知不觉,在不断折腾中,我一直做到了企业财务总监,很感谢这份职业让自己有随意切换城市的自由、切换用人单位的勇气。

回顾往昔,我一步步从小地方走出去,去远方。上小学时,我从未出过农村,那段时光可谓苍白、简单、纯粹。小学毕业后,我从农村去县城上中学,开始了在家和县城之间往返的日子。上大学时,我从县城去石家庄,再从石家庄走向上海、北京。在北京读了研究生,不知道以后会不会读博士,看机缘吧,没准会陪孩子继续读书,因为我一直有一个梦想——去国外生活一年。因为工作,我去过潍坊、青岛、烟台、秦皇岛、天津、济南、张家口、南京、苏州、泰安,这两年又去了深圳、香港、广州。当我们有目的地时,会发现一切都是旅途。人生走走停停,年轻时没钱,有的是体力;当资金充裕时,发现我们没了那种悸动的心情。去一个城市总是匆匆忙忙,少了一分悠然自得和闲适,只为了去经历些什么。

因为年轻,有很多不懂、不明白的地方,为了经历而去经历,见世界,见众生,丰富自己。

可能会想到某个场景,或许平平无奇,但是它在自己印象里是那么的深刻，或许是在黄花城水长城漫步于长城与水之间，荡秋千，赏风赏月；或许是在古北水镇漫步于古老的石板路上，去体验活字印刷，领略夜晚长城的苍凉巍峨；或许是在广州初见广州塔上一层层的霓虹灯，那个美好的场景；或许是在青岛狂风怒吼、头发凌乱的晚上，印象里青岛总是很冷，风很大。这次去青岛看日出时，发现青岛也有风和日丽的早晨，一切平静……

每个人都有自己的回忆，独一无二。以前总不想回忆过往，总觉得痛苦，日子要向未来看，当下都是苦楚，过去了就好了。我时常这样安慰自己，可能从未愉悦地享受过生命，总觉得远方更美。年轻时，为了把风景看遍而一直走，走到脚疼，就像在青岛的沿海、天津的五大道，因为害怕以后可能不会再来，就这样用脚步丈量城市。现在不会了，我会尽可能舒服自在地去看风景。因为懂得慢下来，享受生命，感受金钱带给自己的美好体验。这才是生命的底色。底气和自信，源于赚钱的能力。

干财务十三年，我在大大小小的公司工作过，在北京历练自己。任何一家企业该怎么搭建财务体系，我做到了门儿清，现在也做股权顶层架构设计、股权激励、资本运作、税务筹划相关的工作。我用自身专业去赋能更多的企业，希望有所建树。我还能怎么做？这是我一直在思考的问题。

要想将一份职业做到生命的终结点，必须时刻保持竞争力，去学习最新的知识、最新的科技。

关于读书，在空闲的时间，我都喜欢安静地读书，我觉得这个是我应该坚持做下去的事情。如果你也喜欢读书，我们或许能成为很好的读伴。

前几年，我一直上各种课程，风雨无阻地去找志同道合的人，创造快乐；现在想打磨课程，去开课，更快更好地成长。我遇见了许许多多的人，有的如同过客，相逢一笑就过去了；有的人在我生命里驻足，我们笑过，哭过，共同感受生命的辽阔。

　　对于生活，亦是如此，找到我们的爱好，如健身、跑步、游泳、滑翔、滑雪、舞蹈，这是我自己不断尝试的项目。只要不断尝试，总会发现兴趣所在。只要去学，我们就会拥有很多不一样的视角，体验生命的丰富多彩。一晃人就老了，愿我们回忆人生时，不因碌碌无为而悔恨，也不因虚度光阴而追悔莫及，愿世界的每一天因我们的存在而更美好。

一晃人就老了，愿我们回忆人生时，不因碌碌无为而悔恨，也不因虚度光阴而追悔莫及，愿世界的每一天因我们的存在而更美好。

拒绝摆烂,
逆境突围

汪伦白

心灵成长导师

我在网上看到过这样的话："你奋斗的终点是别人的起点。"意思是穷人家的孩子奋斗一辈子所拥有的财富还赶不上富人家的孩子刚出生的时候就拥有的财富，这不公平，奋斗没有意义，不如躺平摆烂。

有这种想法的人，问题在于他们对人生的评价维度过于单一。在他们眼里，人生的意义只有财富，财富比不过别人，自己的人生就没有了意义。而且，他们会盯着那些既定事实不放，比如，自己出生在贫苦家庭，不是富二代，别人一出生就住大别墅，等等。

怎么办？真的要躺平摆烂，每天抱怨不公平吗？当然不，因为没有意义，这个世界不会因为你的抱怨有丝毫改变。不公平是客观存在的，至少到目前为止，人类社会一直都存在不公平，都存在贫富差距，这是社会规律。如果每天盯着不公平，眼里只有悲伤，一生都会在失望中度过。

我们不妨把头抬起来，换个视角看人生。**人生是一场体验，追求的是幸福感和成就感，而幸福感和成就感很大程度上来源于人生中的每一次进步**。穷人虽穷，但进步空间大。只要你不摆烂，努力奋斗，就有机会在逆境中突围，过精彩的一生。比如，我是个普通员工，努努力，月薪从三千元涨到五千元，很简单吧？从五千元涨到一万元，也不算难吧？在大城市，从一万元涨到两万元，也是有机会的吧？每一次涨薪，生活质量都会有质的飞跃，都会给我带来极大的幸福感。再努努力，有车有房，有老婆有孩子，我会觉得我这辈子值了。从我父辈一穷二白、没有积累，到我白手起家，有车有房有后代，我会非常有成就感。虽然直到这一辈子终结，我的财富可能连有钱人的零头都赶不上，那又怎么样呢？我是克服了一个个困难一路走过来的，我一直在奋斗，一直在进步，每一次突破都让我兴奋，我感到特别幸福。**这种幸福，给我再多钱也买不来。**

假如我生于富豪之家,一出生就什么都有,我是不是一定会感觉幸福呢?未必。可以想象一下,我可以吃到世上最棒的美食,玩最好玩的游戏,开游艇,开直升机,到处旅游。这样的日子可以过一两年、三四年甚至十年,那以后呢?总会有腻的一天。人的欲望是无穷无尽的,满足了一个欲望,还会有更多的欲望冒出来。吃喝玩乐固然能给我一段时间的快乐,可我不满足于此,我还要有更高的追求,我需要成就感。怎么获得成就感呢?在财富上,已经难以获得成就感了,打工一个月挣几千上万元钱还没有我一天的零花钱多。创业吧,有风险,创业十次,失败九次,把家里给的创业基金都花得差不多了,终于第十次成功了,一年挣个几百万或上千万元,也没啥意思,还不如直接开口找老爸要。想挣更多的钱也没那么容易,因为大钱都是靠风口和时代的红利,可遇不可求,想做到父辈那样谈何容易。对我来说,不创业就是对家族最大的贡献。试问:我的成就感从何而来?如果我想要从文学艺术方面突破呢?也未必可行。我是个天赋极其普通的人,然而艺术靠的是天赋,并不是靠钱堆出来的,想有成就没那么简单。所以,在我的世界里,幸福感可以短期从消费中获得,只要没玩腻,就还能开心一阵子。一旦玩腻了,就会感到空虚。成就感的获得难于上青天,我很容易不快乐。

还有个不需要猜的例子,那就是张朝阳。搜狐在巅峰时期,他的身价高达几十亿元,几乎想要什么就有什么,但他一点都不快乐,这是他自己的原话。想想,我们普通人努努力,有房有车,有老婆有孩子就够幸福了;他想要幸福,就得有更大的突破,是不是比我们普通人难得多?

因此,富人起点高,成长空间有限,不容易获得成就感和幸福感;穷人因为起点低,成长空间相对更大,更容易获得幸福感和成就感。

有些人非要说:"我的成就感和幸福感就来自财富。"没问题啊,即便你出身低微,你也是有机会通过奋斗去获得财富的啊。

我身边有个朋友,是个大老板,前段时间来听我讲课。课上有个环节是领读,他就自告奋勇上台了。读着读着,卡住了,因为遇到了生字。他就解释,小时候家里穷,只上完小学就辍学了。可这丝毫没有影响他成为一名成功的企业家。出身贫寒,但他没有抱怨,没有摆烂,而是努力奋斗。我在他身上看到的是勇敢、自信,是一股强大的力量。

还有一个例子,是我的妹妹,她是我三姨家的孩子。她也是生在很一般的家庭,父母在她上初中的时候离婚了。她学习成绩不好,上的是卫校,学习当护士。护士实习结束后,没干这行,因为不喜欢。她去过上海、深圳,后来去了北京,从服务员做起,通过一步步努力,现在在一家游戏大公司当部门主管。她的起点难道不是很低吗?她是不是有充分的理由摆烂?但她没有,她一直在闯,闯出了自己的一小片天地,获得了很多财富。

如果你看不上这些小成功、小财富,非要纠结于自己没出生在马云家,没成为富二代,所以要躺平,那谁也没辙。与其抱怨,不如躺在床上做梦来得舒坦。如果你还能意识到自己是在做梦,那就打起精神,准备奋斗。

人生就是一场牌局,既然下场了,就好好打。不管是什么牌,都要打出精彩,一手烂牌更是好机会,逆境翻盘往往比一路顺风更让人兴奋、难忘。

打游戏的时候,一开始都是选简单模式,然后呢,你水平越来越高,觉得没意思了,就会选择困难模式。可以假想一下,你的人生是一场自己选择的"游戏",你觉得当下起点低、过得苦,那只是你在选择的时候刻意给自己选择了困难模式,对于简单模式,你已经不屑一顾了,这说明你已经达到了一个高度,是在挑战自己啊!你看自己多么有勇气!想到这里,你还会放弃,还会躺平吗?不赶紧翻身起来,撸起袖子加油干吗?

人生就是一场牌局,既然下场了,就好好打。不管是什么牌,都要打出精彩,一手烂牌更是好机会,逆境翻盘往往比一路顺风更让人兴奋、难忘。

人生在世,
体验至上

王昱琳

新励成脱口秀演员
某舞台剧孙悟空扮演者
《卓越》联合作者

在文章的开始,我要感谢我们这本书的主编毕鸿波。因为他的邀请,我才有了这次难得的写书体验。我将自己的这篇文章取名为《人生在世,体验至上》,其实它是对我 2021 年底至 2024 年底这段时间最好的总结。

01

曾经的我(2021 年 10 月 23 日之前)

从 1995 年中到 2021 年 10 月底,我这 26 年的人生经历可以称得上生不如死(我一度在 2008 年—2010 年和 2012 年春节期间有过轻生的念头)。在家里与学校里,我过得特别卑微,一直没有能够活出真实的自己。这种情况直到走出学校、进入职场(2018 年 7 月),仍然没有得到改善,我在职场上也非常不顺,直到我遇见新励成之后,才开始逐步走出人生的低谷。

(一)生活方面

在这 26 年的低谷期里,我一直被原生家庭的打压和教育阶段的歧视所笼罩。我的内心出现了一堵很厚的墙,不配得感达到了顶峰。我对于生活中的任何事情都无法提起兴趣,因为我坚定地相信,美好的东西根本不可能会有我的那一份。

(二)职场方面

2018 年 7 月,我正式从北京联合大学毕业。或许就是因为自己的不自信,我这 3 年的职场生涯是在磕磕绊绊中度过的,先后在 2 家企业各工作了 1 年的时间。正是在第二段工作经历结束后的复盘中,我发现了问题,这才与新励成结下了这3年的缘分。

(三)情感方面

在开始回顾3年蜕变之路之前,怎么能忘掉总结情感方面的问题呢?我在走进新励成之前的漫长岁月里,是从来没有谈过恋爱的。后来经过分析,或许是在当时那个阶段,我曾异常坚定地认为我会是那3000多万人中的一个(注:根据第七次全国人口普查数据,男性比女性多3000余万人)。这个数据正好与我内心的不配得感共同压制了自己谈恋爱的念头。

02

蜕变中的我(2021年10月23日—2023年2月24日)

(一)生活方面

在这段蜕变的路程中,我收获了友情,体验到了人情的温暖。在我们新励成内部,鼓励与良好的氛围让我内心几乎要熄灭的小火苗重新燃烧了起来,让我对未来开始充满期待,我不再悲观地看待所有经历过的事了。

(二)教育方面

"生命的绽放"(后更名为"觉醒生命力量")

第一次课程:2022年7月15日,第71期"生命的绽放",北京昌平静之湖度假酒店。

这是我第一次上身心灵方面的课程。我通过这次课程听到内心很多潜意识的声音,然后开始觉察自己内心的想法,让自我能量不断地提升,由负能量转变为正能量。

第二次课程:2024年8月30日,第97期"生命的绽放",河北廊坊广阳区新世界酒店。

这次课程让我第一次感受到内心直面情感的状态,从而为后面的事情做好了铺垫。

"领导力口才"

关于第119期"领导力口才"课程,我最大的收获便是我觉察到了我曾经认为坚不可摧的心墙开始坍塌,我开始有勇气去面对很多事情。

03

注重人生体验的我(2023年2月25日—2024年11月6日)

(一)2023年2月25日,第一次习得感恩

我清楚地记得这天是卓越读书会举办活动的日子。在参加这次活动之前,我根本不会对我身边的任何一个人表达感恩,或许因为我把所有别人帮助我的行为看成理所当然。在这次活动以后,我对所有我经历的事情(不管是好事还是坏事)都抱有感恩的心理。

(二)2023年3月25日,第一次上脱口秀舞台

这次的体验是参加一场脱口秀。对于曾经极度内向的我来说,参加像脱口秀这种需要密集笑点的活动,是根本不敢想象的。也是从这次活动开始,我内心被压抑的红色性格被彻底激发了,这才有了今天如此开朗的我。

(三)2024年9月18日夜,第一次接触舞台剧

在这里,要感谢另一位联合作者——易成龙大哥。为什么呢?那是因为如果没有龙哥的盛情邀请,恐怕我对于表演的恐惧还不知道要到什么时候才能消除。还要感谢王志勇大哥。如果没有志勇大哥的成全,我无法战胜自己对于表演舞台的恐惧。最后,自然要感谢我们剧组饰演师父唐僧的宇婷。一开始,我对于悟空揍师父这一情节有所顾虑,师父的表态让我最终突破了这一个卡点。

(四)2024年11月3日,顺利完成第一次舞台剧的表演

那天,我们剧组四个人为大家呈现了一次非常完美的表演。在这次表演之后,我对于站在很多人的舞台上进行表演更加自信。

(五)2024年11月6日夜,第一次敢买花送人

前文曾提及两点:①我之前根本不敢走进一段感情;②在舞台剧排练时,我跟宇婷就悟空揍师父情节的历练。在2024年11月6日晚上,我竟然做了一件之前根本不敢想的事,那就是买一束花送给剧里的师父。真的,我当时震惊于自己的勇气,或许是想借舞台剧的余温,在情感领域有所突破,我才敢于去做这样一件"疯狂"的事。

04
写在结尾

人生在世,我们就是要尽可能去体验每一件事,不管什么时候都不算晚。就像我在感情领域的探索,在前面的26年,我根本不敢

想自己能够有这样的体验,然而当我敢于去突破时,会发现这个体验十分美妙。只要你拥有足够大的潜力,敢于突破,你就是人生的赢家。

人生在世，我们就是要尽可能去体验每一件事，不管什么时候都不算晚。

逆境中的
自由与超越

董 若 男

心理咨询师
领导力教练
OTD培训经理

亲爱的朋友,如果你正处于迷茫、彷徨之中,感到人生如同一片迷雾,我想对你说:跳出来吧!只要勇敢地迈出一步,你便会经历涅槃重生,拥有新的生命高度。让我们一起面对挑战,拥抱未知,在逆境中找到属于自己的卓越人生。

我是董若男,"90后"。我是一名创业者,也是一名领导力教练,专注于领导力发展培训已近九年。我的人生使命是让更多人精神觉醒,脱离苦海,拥抱内心的平和与智慧。这是我为之奋斗的长期目标,一个我愿意用一生去追寻的梦想。

01

从顺境到危机:人生的转折

回望过去,我曾是一个在事业、财富与爱情中都颇为顺利的年轻人。毕业后,我进入了一家知名的科技金融公司,职业生涯一路顺风顺水,每年都被评为优秀员工,带领团队开拓业务、提升绩效,仿佛所有的努力都能轻松换来成功。那个时候的我,以为自己已经贴上了人生的标签:成功、优秀、无可阻挡。

然而,命运却在我最自信的时候给了我一记重击。突如其来的变化,导致我从业务团队被调整到职能团队,开始面对截然不同的工作、语言和思维方式。我曾深陷对自我能力的质疑中,陷入了前所未有的迷茫和焦虑。我开始怀疑自己,否定自己,甚至对人生感到深深的失望。

那段时间,我对外界充满了抵触,渐渐陷入抑郁,甚至开始避免与人接触，变得冷漠无情。我的心门锁上了，无法再接纳任何人和事。外界的评价变得过于重要，我失去了自我，逐渐沦为一个行尸走肉般的存在。

02
从危机到觉醒：转折点中的机遇

就在我深陷困境、看似无路可走时，我踏上了一条自我探索的道路。命运的安排让我遇到了师父，结识了许多贵人和志同道合的伙伴，他们帮助我一点一点打开心扉，重新审视自己。

我的人生开始发生微妙的变化。**我意识到，真正的突破并不来自外部的改变，而是来自内心的觉醒。**原来，我一直在向外寻求认同，却忽视了最根本的自我接纳。我曾经冷漠、拒绝自己，不敢面对自己的缺点与不足，直到我开始无条件地接纳自己，才真正看到了成长的可能。

接纳自己，接纳现实，接纳当下的一切——这是所有转变的开始。通过接纳，我开始解开内心的束缚，允许自己在痛苦中成长。我不再将外界的评价和期待作为生活的标准，而是选择从内心出发，找寻真正的自我。

03
觉醒与成长：从痛苦到突破

接纳自己是自我成长的第一步，接下来便是成长和突破。痛苦并非障碍，反而是成长的催化剂。每一份痛苦，都是一个灵魂觉醒的契机。在这段探索的过程中，我开始发现自己曾经的固有模式的弊端，意识到自己对冲突的回避、对他人评价的过度在意。曾经的我，总是习惯性地在别人眼中找寻自己的价值，而忽视了自己内心最真实的声音。

正是这种深刻的自我反省和觉醒，让我开始重新审视自己的人生选择。我开始主动设置目标，克服内心的恐惧，跨越心理的障碍。逐渐地，我不再害怕失败，因为我知道，每一次失败和挫折都在为我的成长积蓄力量。

04
自由与创造：重塑人生的选择

通过不断的内在觉醒，我慢慢找到了自由的真谛——自由不是外界的无拘无束，而是内心的悠然与从容。每个人都会面临选择的时刻，关键是要从内心出发，去选择一种更符合自己价值观的生活方式。

自由的背后是真正的责任和创造力。它要求我们敢于突破惯性思维，敢于创造新的可能。无论在何种境遇下，我们始终有选择的权力,始终可以通过自己的行动去塑造一个更符合内心渴望的未来。

05
觉醒的必然性:每一刻都是重生

回顾这一切,我深深感受到生命的奇妙。在最黑暗的时刻,正是那些看似不幸的遭遇,成就了今天的我。我不再迷茫,不再彷徨,因为我意识到每一段经历,无论是顺境还是逆境,都是我成长的宝贵礼物。

如果再给我一次机会,我依然会选择这条路,因为它是我的必经之路。这种人生的必然性,带给我对生命的深刻理解,也让我拥有了与自己和解的勇气。

06
每个人都可以重生

亲爱的朋友,人生并非一成不变。无论你现在处于何种困境,记住,无论哪一刻的觉醒都是重生的开始。你拥有选择的力量,你的未来由你创造。相信自己,接纳自己,勇敢追求内心的自由与卓越。你会发现,人生的每一个选择,都通向更高层次的自己。

因为,你值得变得卓越。

你会发现，人生的每一个选择，都通向更高层次的自己。

逐光之旅

王得蓉

得知蓉言学苑创始人
节能降碳咨询专家
卓越培训讲师

我从小就常听妈妈说:"我家二姑娘不平凡,出生时裹着一层胞衣,是接生婆婆划开后才正式出生的,据说哪吒就是这样出生的。"所以,我总觉得我要有所作为,这源于妈妈的一个期许,我的妈妈给了我一个卓越的梦。

我长期从事节能降碳计量标准化工作。"节能减排,功在当代,利在千秋",这句话激励我深耕行业30余载,成为行业专家、正高级工程师、全国节能先进个人、天津市五一劳动奖章获得者。我一直秉承"用得清楚,说得明白,管得到位"的理念,践行着绿水青山、节能增效,是交通运输部节能降碳特聘专家、天津市发改委节能政策咨询专家、天津市交通运输委员会专家委员会委员、交通部绿色港口等级评价专家委员会委员。

我出生于军人家庭,爸爸是军人,妈妈负责在家照顾一家人。姥姥走得早,姥爷在我家住,三个姨妈结婚前也和我们一起生活,她们都是我妈把她们嫁出去的。在我的家里,妈妈的伟大无人能比,给我们上的第一课就是付出。爸爸因为当过海军,复员后被分配到海上工作,他觉得曾是海军又要回到海上实在太枯燥,所以回到乡下做了村主任。这样,我们就没有了城镇户口。这是爸妈一直耿耿于怀的一件事。

爸爸总是觉得他的人生不如意是因为吃了没有学问的亏,所以尽自己所能让我们上学。妈妈总认为我能干大事,所以在我心里总是激荡着一股力量。我学习刻苦,小学期间一直是三好学生,连续三年被评为区级三好学生就有机会成为市级三好学生,我从小学三年级到初三毕业,每年都是市级三好学生。9岁时,我有幸被选中参观天安门升旗仪式。初三毕业后,我拿到了当地的第一名。那时的中专很吃香,也是大家首选的方向,爸妈商量后,建议我报考中专。

因为分数高,进了中专后,我被分到了最好的专业——计算机专业。那可是 1985 年呀,那个时候安装空调可不是为了人,而是为了给计算机降温。校长听说我分数这么高,就说一定要学计算机,以后有出国的机会。转眼间,四年的学习生涯结束,分配工作时,我被分配到仓库,成为一名理货员,和我同时被分来的还有几名大学生。相比大学生,中专生倍受歧视。时代作弄人,我当时的分数远远高于他们,就是因为选择的不同,走上了不一样的道路。我问自己:我是谁?我从哪里来?我到哪里去?

在 1991 年全国第一个节能宣传周,我加入了节能降碳的队伍,一句口号让我深耕行业 30 年——"节能减排,功在当代,利在千秋"。我在节能减碳的岗位一干就是 30 年,一直努力学习,取得了工程硕士学位,成为教授级高工、全国节能先进个人。我用"一个唯一、两个首批、三个三十、四个四十"来形容过去的 30 年:一个唯一,节能领域唯一拥有全国先进称号和天津市五一劳动奖章的先进个人;两个首批,首批交通运输部节能降碳特聘专家、首批天津市发改委节能政策咨询专家;三个三十,深耕行业节能降碳 30 年、发表论文 30 篇、参与国家绿色低碳试点创建及验收 30 项;四个四十,参与国标、行标、地标、团标 40 项。

时间走到了 2020 年,我国提出了"3060 目标",此时我也到了知天命之年。从事 30 年的管理工作让我切实感受到基础工作的重要性,特别是计量标准工作的重要性。"说话有根据,办事有依据,向领导汇报要有数据,奖惩有证据。"计量是基础工作的基础,俗话说,"基础不牢,地动山摇"。此外,我认为任何重复的工作都应该制订标准,所以,在领导的支持下,我整合各计量站的数据创新性地提出"1241"创新模式,它被评为国家 20 强示范项目之一,将节能降碳计量标准化工作高度集合为行业第一水平。这时,我到了退居二线的年龄,我又问自己:我是谁？我从哪里来？我到哪里去？

我在 2024 年的一天不再彷徨。那是 2024 年 10 月 9 日,我陪我的导师徐豪老师去北京民航总医院看望共和国四大演讲家之一的彭清一老师。彭老已经 94 岁了,头脑清楚,思路清晰,回忆往事,说从 50 岁年轻的时候开始从事演讲教育事业,一点都不后悔,我立即想起了《钢铁是怎样炼成的》中保尔·柯察金的那句经典语录:"人最宝贵的是生命,生命对于每个人只有一次。人的一生应当这样度过:当他回首往事时,不会因为虚度年华而悔恨,也不会因为碌碌无为而羞愧;在临死的时候,他能够说:'我的整个生命和全部精力,都已献给了世界上最壮丽的事业——为人类的解放而斗争。'"**让我更为震撼的是,他说在他"50 岁年轻的时候",这句话对我来说真是醍醐灌顶,我也是 50 多岁,百年人生才刚过一半,该怎么度过**？我又问自己:我是谁？我从哪里来？我到哪里去？

在我彷徨时,给我启发最大的老师是我们敬仰的赵永花老师,我们都尊敬地称呼她为"花校"。一次,在我做完自我介绍后,花校给予的评价是:"仅凭这个介绍,你就价值千万。"花校的评价让我发现了自身的价值,此生应加倍努力。"充实自己,为后来人创造更好的环境,为社会做出贡献。"这是我在那一刻立下的誓言。我结合自己的专业和特长,加快了发奋读书的进程,总结提炼以往的工作经验,形成自己的课程体系。通过学习与考试,我成为希望热线 24 小时危机干预的志愿者。

2024 年于我而言,注定是不平凡的一年。在一次企业授课结束时,我给优秀学员签名赠书,有朋友问我:"是你的书吗？"我的脑海中闪过一个问题:我什么时候能出书呀？好神奇的事情发生了,就在那一刻,我接到了朋友的电话,邀请我一起出书,书的名字是"卓越",青春无价,卓越当下。这也充分证明你的愿力有多大,世界就有多大。我将用一生不断地精进,踏上卓越路的逐光之旅。再次谢谢我的妈妈给我的卓越梦!

这也充分证明你的愿力有多大,世界就有多大。

财富是能量的
显化，无中生有

金　乐

投资心力学创始人
财经媒体特约嘉宾
易经文化传承者

大家好,我叫金乐(金睿铭)。我是一个在金融行业摸爬滚打十七年的证券从业人、上交所基金理财规划师、A＋H上市券商金牌讲师、财富中心资讯主办人,荣获2018年"赢在中原"实盘大赛"中原最具价值投顾团队"称号。我负责的投顾产品服务客户7万余人,客户资产上百亿元,个人服务资产高达8亿元。我还曾担任北京卫视、甘肃卫视、第一财经、CCTV证券资讯频道等的特约嘉宾。

我曾经在公募基金南方基金学习,调研了50多家规模从1亿多元到百亿元的私募公司,对于证券市场的理解有了很大的提升。

说到投资,其实大家的理解往往是比较片面的。一般人认为投资就是买股票,不知道为什么挣,也不知道为何而亏。在这里,我以20年的经验给大家做一个简单的介绍,无论对于投资老手还是新手,都希望有一点帮助。

我们可以把投资分成10个阶段。

在第1个阶段,大家刚刚接触股市。 这个时候往往是市场非常火爆的时候。在餐厅里、街道上,都能听到大家谈论股市,如哪只股票大涨了,谁挣了多少钱了,你的好奇心可能会被周围的同学、同事激发,自己也想去开户。这个阶段的股民,因为知道得甚少,所以胆子大,又处在市场亢奋的状态,因此很快就挣到了钱。

第2个阶段,市场往往处在亢奋的中后期阶段。 没过半年,市场可能就要开始调整了,或者牛市即将结束(牛市往往也就持续两年时间。新人入场一般都是在牛市持续了一年半左右的时候,所以留给他们的时间也就半年)。到了这个阶段,有的投资者可能就不玩了,还有一些投资者可能因为尝到了甜头而不能自拔,虽然后面亏钱了,但仍然想要坚持。

第3个阶段,一些投资者开始真正想要学习这方面的知识,于是

通过电视、报纸、书刊等各种途径恶补相关知识。 当然这个市场也是鱼龙混杂,后面要交很多学费。在第 3 个阶段,市场进入了一个漫长的调整期,投资者尝试了各种办法,往往不奏效。这个时候,一部分人就会选择退出,还有一部分人会骂骂咧咧地说,这个世界都是骗子。

第 4 个阶段,会有一些投资者对自己还是很有信心的。 他们不再相信外界,开始自己潜心研究,从技术图形研究到基本面指标,可是哪有这么容易呢?学了一大圈,可能还是偶尔挣钱、偶尔亏损。在这个阶段,可能有一部分投资者又要退出了。从第 1 个阶段到第 4 个阶段,可能已经过去了两三年。在这个阶段以前,很多投资者都是采用加法,就是总觉得有什么东西自己不知道,一定有什么秘密,所以不停地学。

第 5 个阶段,有些人能够进入减法阶段。 他们会发现这个世界并没有一个通用的真理或者公式,因为该买的股票都已经买过了,就开始想到底哪个适合自己,不再追求大而全了。在做减法的过程中,有的人可能只会选择一个自己曾经试过可行的方法,比如炒重组、做小盘股、做价值投资。但是在这个阶段,仍然是"靠天吃饭",因为长得还不够"高",所以仍然无法理解股市。

第 6 个阶段,开始产生心理层面的变化。 我们知道,在色彩心理学上,每个人都有自己的性格特点,有的人激进,有的人保守,有的人随波逐流,有的人思考太多,所以就像体育运动一样,不同的性格可以采用不同的打法。在这个阶段,股民可能会找到适合自己性格的打法,知道自己什么时候该收手,可以减少亏损了。

第 7 个阶段,投资其实是有体系的, 也就是说你要知道自己能挣什么钱,比如说挣上市公司分红的钱,挣市场博弈的钱,还有就是整个市场流动性增强,水涨船高,跟着市场走挣的钱。一个人往往只能选择一种,可人性就是贪多,什么都想要。这造成很多人还是靠运气去投资。

第 8 个阶段,能走到这个阶段的一定是老股民。在这个阶段,更多的是考验心态。能走到这里,其实对于挣钱的多少已经没有那么高的要求了。来到股市,很多人都是冲着能够将本金翻几番,可是我们可以看到,全球知名的基金经理管理的基金,每年的复合收益率也就是 19%,但是它的复利能让它高速增长,非常的稳定。在这个阶段,就要追求稳定的获利。

第 9 个阶段,当我们去掉了技术方法、系统方法中不该我们挣的钱、心态的变化的影响,那么还有影响我们挣大钱呢?**就是人性的贪婪和恐惧!**在这个阶段,其实修行的已经不是投资本身了,而是在投资外部的修行,就像写毛笔字,到一定程度,就不是在练毛笔字本身上修炼了。

第 10 个阶段,经常有人说,人的状态是什么样的,决定了你吸引什么样的事情,在投资上也是一样的。我接触的客户很多,通过看客户的状态和他的投资年限,能够大概判断出这个人是否能挣钱。

关于以上这 10 个阶段,希望无论是投资新手还是投资精英,都能够大概理解我眼中的投资世界。

获得财富的方式有很多种,如打工、卖货、当老板等。当我们获得剩余财富以后,就不得不面对通胀,或者说经济周期能够以一只无形的手来调控财富的流转。对于个人来说,最主要的形式就是房地产市场和资本市场。

为什么有很多投资者很努力,买了很多基金,如信托、私募,甚至 P2P,但投资效果都不尽如人意?其实是因为有一个很重要的点被忽略了,即资本市场是对风险的管理,而不是抓取。

《道德经》里有这样一句话:"天之道,损有余而补不足。人之道则不然,损不足以奉有余。"所以我们要在更高的层面对抗马太效应或者28法则,就要做到舍得。在人的层面,更多的是因为贪心或者恐惧,也就是不愿意舍,所以很难再得到。就好像我们手里捧着一捧沙子,你越想抓住沙子,沙子反而会流走;但是你不贪心地抓着沙子,你手里就会还有应该属于你的那一部分沙子。

我们怎么做到不贪心和不恐惧呢?提高我们的能量,也就是要修心,再继续往下说就是学会如何做人,所以人品好是能够获得财富的。

光知道道理或者技巧没用,真正要做到其实要靠自己的心性和心力。玉不琢,不成器。希望在以后的日子里,我能够跟大家一同修炼,一起精进,同时能够把正确的理念传播给更多的人。

经常有人说，人的状态是什么样的，决定了你吸引什么样的事情，在投资上也是一样的。

财富与人生

方兴家

心理咨询师
自由投资人
慧园商学院创始人

我出生在农村,家境一般,见识有限,跳出农村是家人对我最大的期盼。2000年初,我如愿考入了一所"985""211"大学,背上行囊,来到了向往已久的首都北京。那一刻,我心中充满了骄傲与自豪,我的故事也从这里开始。

在金融行业,我从销售做起,依靠自己的努力,当然也有运气,一路披荆斩棘、过关斩将,从客户经理做到团队经理,从团队经理做到连续两年的全国十佳区域经理,再做到分析师,从一个合同工变为国企正式员工。信心膨胀的我,不满足于现状,离职创业,在商海拼杀,结果不尽如人意。在人生的至暗时刻,我研习国学文化,逐渐走出人生低谷。后来有幸进入培训行业的头部公司新励成,帮助学员提升软实力,"我一开口必助人""做就好,越做越好"……这些振奋人心的话语,经常回响在耳畔,充满力量。

在新励成,我有幸认识了我的合伙人王艳女士,她是一位非常成功的女企业家,也是新励成的卓越学员。初次见面,我就被她强大的气场所吸引,她追求品质、坚韧不拔、正派干练。王艳,来自浙江义乌,现任北京慧园佳业科技有限公司董事长,北京昊朋文化发展有限公司董事长,北京义乌企业商会常务副会长、秘书长,北京市朝阳区女企业家协会副会长。2002年,她北上进京,开始经营北京至乌鲁木齐铁路专列,其间几次濒临破产,但不服输、敢拼搏的信念牢牢支撑着她,终于迎来事业上的转机……2019年,她开始转型做供应链,专攻政府采购,整合了众多国际国内一线品牌资源,形成了强大的需求产能优势,为客户提供质优价低的产品。她出身中医世家,虽然纵横商场多年,但仍怀有救死扶伤的梦想,睿智、健谈、心善。交谈中,她谈到身边有很多企业家朋友精神压力大,甚至抑郁;也有很多有修养、有内涵、有思想的朋友,想要传播善心、善念,却找不到方法,因此她想搭建一个多元的文化传播平台,慧园商学院应运而生。

慧园商学院,运营主体为北京昊朋文化发展有限公司,由著名企业家王艳女士、沙群峰先生和我共同创办,致力于打造学练一体的多元文化传播平台,帮助好老师知识变现,为热爱学习的人士提供精品课程。课程包括国学、心理学、身心疗愈、人力资源、企业管理等培训课程以及雏鹰计划、精鹰计划、雄鹰计划等知识变现、IP打造系列课程。我们秉持发善心、做善事、结善缘的理念,肩负成就彼此、造福社会的使命,影响更多的人迈向天下大道、和合共生的美好愿景。我们的口号是"知识想变现,就找慧园商学院"!

一路走来,感慨良多,有财富快速增长的过程,也有从谷底慢慢爬升,重获人生高光时刻的经历。结合我自身与合作伙伴的人生经历,我认为想获取财富密码,需要遵循以下这些法则。

01
顺势而为

我在10年前获得了人生第一桶金,在今天看来,它也是一笔很多人一辈子可望而不可即的财富。回过头想想,并不是因为我多么厉害,而是顺应了那几年证券市场的大趋势,仅此而已。说到我的合伙人王艳女士,她也是因为在商海浪潮中敢闯敢拼,顺应趋势,才取得了今日的成就。应了那句话:"方向不对,努力白费!"**无论是在金融市场还是实体创业,顺势而为,是第一铁律!**

02
贵人相助

很多人都在寻找生命中的贵人,殊不知,在遇到贵人前,你要先成为贵人的贵人。在我这 20 年的工作历程中,凡是在紧要关头,都能得到贵人相助,我一直在思考这是为什么。

首先,真诚相待。我的第一个大客户被我的真诚和自信所吸引,他问我:"你们公司的产品和其他公司的产品有什么区别?"我自信真诚地回答了一句:"比它们贵,但是我们服务好!"就凭这样一句话,他被我成功拿下,后面他给我带来源源不断的业绩。

其次,合作共赢,让利他人。目前,我最大的客户交给我管理的资金达到 9 位数。这个客户是朋友介绍的,我认识这个朋友好长一段时间了,他突然给我介绍了这个客户。我与这个朋友平时在一起,从不计较小事,合作共事时,也是我主动让利,时刻怀抱感恩之心,所以我们相处很愉快。财富就是这么神奇,当你越不刻意追求它时,它反而不断向你走来。

再次,专业负责,解决问题。我身边所有的贵人,都是因为我在当时的工作岗位专业、负责,能为他们提供意想不到的帮助,他们才放下戒心,不断与我拉近关系。我当时从事的行业对专业度的要求非常高,对个人的操守同样考验重重。一个念头就能左右上百万元的盈亏,但我可以自信地说,我拿的钱都是干净的,我为客户守护了财富,让他们少踩了好多坑。

03 善于学习

我在人生的低迷期,潜心学习国学,反躬自省,向内求,不断提升自己的认知,终于冲出迷雾,迎来人生的蜕变。一个人什么都没有和拥有了之后失去,结果是一样的,但是后者是很多人很难接受的。当我刚过而立之年就已经拥有了巨额财富的时候,我忽视了学习,沉迷于享乐,精神力量不足,导致最终被物质反噬。现在回想,如果以我现在的修为,重复过往的经历,结果是否会不同呢?答案是肯定的。

我的合伙人王艳女士,哪怕再忙,也会把学习安排得满满当当。她身边经常放一本书,持续学习。从她身上,我看到了没有人能随随便便成功,不学习终将被时代淘汰。

04 正心正念

一个人没有信仰是很可怕的,就像大海中的一叶扁舟,没有方向,随风飘荡,很可怜,也很危险。在我们创办的慧园商学院,"发善心、做善事、结善缘"是我们的核心价值观,是很有力量的。当财富来临的时候,很多人是没有驾驭能力的,最终可能会被反噬。有些成功人士,当财富积累到一定程度时,信仰崩塌,价值观坍塌,甚至抑郁自杀,这样的案例太多了。我曾经从事的工作离钱很近,也特别考验人性，当个人修为和信仰驾驭不了财富的时候，灾难可能就会来临。

我真正的蜕变发生在学习国学，潜心修炼，保持正心正念后，生活和事业也才变得越来越顺利。

我目前所从事的工作就是帮助更多的人成功，不以赚钱为目的，而以成就彼此、造福社会为己任。人生匆匆数十载，来的时候两手空空，走的时候必然也两手空空，但我相信，正心正念的精神力量会一直伴随我左右。

最后，感谢毕鸿波同学带领一群高能量的人，做了一件非常好玩、有价值、有意义的事。祝愿同仁们都能够前程似锦，保持觉知，正心正念，用生命影响更多的生命。也祝愿读到这篇文章的有缘人，飞黄腾达，开悟得道，早日实现本自具足的人生！

人生匆匆数十载,来的时候两手空空,走的时候必然也两手空空,但我相信,正心正念的精神力量会一直伴随我左右。

借力与依赖

李坤淇

空间规划师
卓越读书会学习部长
北京餐行者联合创始人

我是李坤淇,我身上有这样几个标签:

①北京最早的共享厨房"餐行者"的联合创始人。2018年,北京市食品药品监督管理局局长曾来我们公司参观考察,"餐行者"被评为清河街道优秀共享厨房。

②卓越读书会学习部长。

③担任100期导师班班委,获得最真实导师称号。

④2015新励成人力资源专员,新励成学员。

⑤万悦跑团成员。

⑥空间规划师。

我的爱好是爬山、徒步和跑马拉松,已经攀登过玉龙雪山、五岳之首泰山,徒步去过腾格里沙漠、西藏,还参加了北京平谷马拉松。

不得不说,我们的成长跟小时候的生活环境有很大关系。在我的老家,我母亲的家族成员几乎都是做厨师的,我的外公和母亲都是开饭馆的,因此我的童年时光就是在饭馆里度过的。看着外公和母亲每天在饭馆里辛勤劳动,靠着自己的双手让整个家变得越来越富裕,生活越来越好,我对餐饮行业产生了浓厚的兴趣。

后来,我成家了。非常奇妙的是,我的老公虽然毕业于北京外国语大学,但是神奇的是他从事餐饮管理工作已经二十多年了,在餐饮行业有着丰富的经验。正是因为家庭的影响,我踏上了餐饮创业之路。

2014年,我在华宇商场开设美丫妈妈蛋糕店。

2015年,开设蒸汽石锅店。

2017年,成立"餐行者"共享厨房。

这些年,我一直在餐饮行业摸爬滚打,也跟着时代的脚步,从传统的模式变为采用共享厨房的模式。这一路走来,并不是一帆风顺的,我经历了很多坎坷,也有了很多的人生感悟。

首先,作为一个女人,一定要学会独立。

老实说,我一路走来,能获得现在的成绩,最重要的就是有很多贵人帮我。朋友们开玩笑说我命好,找了个好老公,而且老公在背后全力支持我的事业。但是我想告诉大家,**做事之前先做人,不管你的台搭得多高,戏还得你自己唱。**你如果想唱好,必须成为独立的女性,这里是指心智独立的女性。

为什么女人要成为独立女性呢?我想先跟大家分享两个故事。

第一个故事是2014年,我们在中国人民大学华宇商场开蛋糕店。当时装修已经完工了,设备也已经到位,我从一个家庭主妇变成了蛋糕店店长。开业初期,只有我和一个19岁的女孩干活,我们连货都抬不动。我记得鸡蛋是大箱的,面粉也是大袋的,非常重。我们要用小车将货从商场的一楼搬到地下一楼的库房,对于我们来说,每搬一次货都非常吃力,一天两天还可以咬牙干,时间长了可是大问题。

刚开始,我不懂经营,如客户维护、财务管理等等,这些都要从头学起。有时候,实在觉得太难了,就想给老公打电话,让他找人,甚至抱怨他都不知道来帮忙。但是心里另外一个声音告诉我,不能这样做,不能给老公添麻烦,我要自己想办法,我必须自己承担责任!于是我马上开始行动,想办法解决这些问题。首先,我做的是吸纳人才,我找到总部的培训老师和同学,跟他们聊天,请他们吃饭,还给他们买礼物。功夫不负有心人,我成功招来两位总部店里非常有经验的师傅,还招聘了一名在商场上晚班的电工做兼职。

人员到位了之后,新的问题又来了!客户维护怎么办?对账怎么做?人员培训管理怎么做?

那时候，晚上根本睡不着，特别煎熬！一方面，我知道我可以问老公，可以问老公的朋友，他们都是专业人士，能够轻松帮我解决这些问题；另一方面，我认为求他们帮忙并不是长久之计，他们帮得了一时，却不能一直帮我。我必须自己成长，必须自己承担责任，我愿意勇往直前！

也是在那时候，我遇见了新励成，开始学习软实力教育。在心理素质课堂上，我学到了一个女人只要学会独立，无论干什么事都能干成！我对这一点深信不疑。在这样的信念支撑下，我的事业慢慢走上正轨，后来发展非常顺利。

第二个故事是在2017年夏天，"餐行者"共享厨房刚刚开始运营，北京市食品药品监督管理局上门检查。那是我人生第一次接受政府职能部门的检查，依稀记得当时有位工作人员的态度非常严厉，到处检查，我感觉她快把我吃了！我当时既担心又害怕，担心刚开业的店被关停，害怕他们严厉的面孔，忐忑不安是我最真实的感受。

我当时不知道自己该怎么办。记得当时只有一个念头：我作为管理人员，话不能乱说，一直坚持到检查完，我都在示弱。

在北京，餐饮行业涉及21个政府管理部门，形形色色的人都有，要想处好关系还是很难的。我该怎么办呢？通过不懈的努力和多方的打听，我得知这位严厉的工作人员和我住在一个院子里，并且我们都喜欢养狗。这下我有了办法，我特意在遛狗的时候等她，在一起遛狗的过程中通过闲聊增进感情。我向她介绍了自己三代从事餐饮行业，立志做一名良心商家，诚信经营是外公、母亲和我一直坚持的经营理念。最终，我的话打动了这位工作人员，事情得到了非常好的解决，我的公司顺利经营下去。直到现在，我们仍然是非常好的朋友。2018年,北京市食品药品监督管理局局长来我们这里参观考察,凭借超高的品质和优质的服务,我们被评为清河街道优秀共享厨房!

通过思考与磨炼,我从开始的害怕,到担心自己处理不好、想依赖老公,再到我明白我需要自己处理,逐步能够自如地与政府部门打交道,还和他们交了朋友,独当一面,这就是一个女人独立的过程!

其次,做事业一定要学会借力。

现在不管碰到什么事,我都能够冷静下来,积极想办法解决。我知道需要借力,但我不依赖!

借力和依赖是两个不同的概念,依赖代表不独立,但借力是在独立的前提下,找到自己的不足,然后去借助他人的力量。在第一个故事里,经营蛋糕店让我知道好风凭借力,借人能登天。做生意,要想赚钱,除了靠自己的努力奋斗外,很多时候还需要借助他人的力量,才能少走弯路。为此,生意人的脸皮就要"厚"一点。

在第二个故事里,工作人员从最开始十分严厉,到和我成为朋友,帮助我一起管理,让我知道在生意场上,求人办事的时候,如果走直线不行,不妨走走曲线,可能有事半功倍之效。

借力和依赖有本质的不同,借力是以我为主,依赖是没有自我!

以上是我在人生上半场获得的经验和智慧。2024年,我已经47岁了,餐饮工作不需要我亲力亲为了。我有时间重新思考人生,思考自己未来的发展方向。

2024年,我去了很多地方,如雪山、戈壁,我还去了拉萨,我用这段时间复盘了自己的人生。我发现每当我内心烦躁、被俗事缠身的时候,我就会通过收纳和整理让自己平静下来。在这个过程中,我能够体会到心流,能够让自己真正地活在当下,于是我的头脑里出现了这样一个职业:空间规划师。

这个职业的工作内容包括空间规划、家居杂物整理、物品分类取舍等,帮助客户更好地管理和利用家中物品,减少堆积和重复购买,从而改变生活方式。空间规划师的工作不仅限于物品的整理,更重要的是帮助客户重新认识和了解自己与家之间的关系!

随着自己对这个行业的了解越来越深入,我对自己的未来规划也越来越清晰,我想我已经找到了未来的发展方向,那就是成为一名空间规划师。在帮助他人的时候,也能够实现自己的价值。人生下半场,重新再起航,对未来,我充满信心!

借力和依赖有本质的不同，借力是以我为主，依赖是没有自我！

勇气

高宇婷

卓越读书会主持人
轻读书会舞台剧演员
脱口秀俱乐部副会长

你是否曾被恐惧支配过？影响学习、工作、吃饭、睡觉，甚至影响一切正在发生和未发生的事情。如果有，那请你来看看我终于有勇气讲出的故事。

小学期间，我成绩还不错，经常被班主任派去参加学校的各种比赛，每次的比赛成绩都还可以。我还擅长音乐，音乐老师可喜欢我了，带着我学习唱歌、唱戏、吹口风琴……参加了好多大大小小的表演。那个时候，我想我应该算得上是一个多才多艺的姑娘吧。这样的经历多了，我开始习惯大家把厉害、优秀等词汇用在我的身上，因为我认为自己就是大家说的那样。小学的国旗下演讲，只有高年级的学生才有机会，当时刚升入五年级的我顺利地拿到了这个难得的机会。提前一周，我就打印好了演讲稿，在家里不断地练习，朝南来一遍，朝北也来一遍，然后朝东、朝西，演讲穿哪双鞋也经过自己严格的筛选。终于，升旗的这一天来了。

"第一项，出旗。"国旗被举到了旗杆旁。

"第二项，升国旗，唱国歌，全体敬礼。"所有人肃立敬礼，看着国旗缓缓升起。

"第三项，礼毕。有请国旗下的演讲者。"我带着稿子向台上走，察觉到了腿有一丝僵硬，站定后开始诵读。声音从嗓子里发出来，不停地颤抖，愈演愈烈，手和腿也开始逐渐不受控制地抖动。我低着头，加快语速，一口气读四五句，我希望读再快些、再快些……结束后，我不明白为什么会表现得这样糟糕，再也不愿回想这段无比糟糕的回忆，以至于从此再也不愿登台。后来，我回避所有让我登台讲话、诵读的工作，以各种各样的理由拒绝。因为只要不上台，就不会再像之前那样丢人。

高二文理分班，因成绩仍比较靠前，我被分进了理科实验班。

原以为可以少接触文字,安心地完成学业,但命运的轨道已开始悄悄地偏离。老师们不约而同地开始在课堂上让大家读定理、读课文,这对于我来讲是痛苦的。从小学那次失败的经历开始,我便恐惧所有诵读的行为,逃避所有需要在大众面前展示的事。课堂上,大家一个接一个地读课本上的内容,这种环境让我觉得窒息,三十多人的教室里装了三个空调,也没有吹热我因恐惧而无比冰凉的手指。我去办公室寻求班主任的帮助,告诉了老师我的恐惧,我们想到的办法是每天课间休息时,我拿一本书,一对一地在老师面前读,尝试克服或缓解我对诵读的恐惧。我很感激那时的班主任张老师,她支持我这样做,但不幸的是,我的"病情"还是越来越重了。上语文课,我担心有读课文的环节;上物理课,我担心会读定理。即使课堂上别人在读,我也会紧张、手指发凉。因害怕诵读,我不敢站在大众面前,否定自己所有的成果。后来,我只要醒着,脑子就被恐惧和担忧支配,吃不下饭,睡不着觉,负面情绪不断升级。内耗、不安、焦虑,我想冲破牢笼……

　　在一个假期的夜晚,我崩溃了。在家人面前泣不成声,说不出话,我告诉他们这件令我觉得极其耻辱的事,后来得到了短暂的缓解,但之后又是新一轮的恐惧轮回。我早已不关心自己的成绩是好是坏,每天在恐惧中沉沦。为了掩盖这件丢人的事,我装成正常人一样。现在才知道,那时的我有多么病态。我没有考上理想的大学,随意选了一所学校完成学业,避免因成绩排名靠前而被推至台前。我总告诉自己,差不多就行了,这让本来就很一般的我更加一般。如果可以,我接受生活就这样黯淡,自己没有追求、没有梦想,但至少自己是"安全"的。

　　时间慢慢流逝,我即将步入实习阶段。我应聘上了一家自己满意的公司，加入了自己喜欢的团队，成为一名审计师。我天真地以为离开学校后，再也不会有什么逼迫我展示的事了，但我们公司比较有意思，喜欢举办全员演讲活动。**我的世界将要崩塌，我庆幸这个时候终于意识到了，逃避根本不是解决问题的办法。我鼓起勇气，决定再次尝试，我要改变现状。**

后来，我了解了新励成，报了很多我认为可以帮我克服恐惧的课程。我不相信一直干不过它，更不允许它一直挡在我的面前。2022年1月1日，第一次上课，我很早就到了教室。听着教室里放的舒缓音乐，我的心开始慌，后来老师默默地关掉了音乐。

上课后，我飞快地做了简短的自我介绍，或许老师点评了，但我什么也不记得了。来到这里的同学大多都是因为不敢上台，我也一样，每次上课都想跑，每次上台都手凉。有时站在台上，紧张得语速飞快，有时忘词，尴尬地看着大家，有时自己也不知道自己在说些什么……课程上得不是很顺利，因为我早已习惯了逃避。非常感谢校区的老师对我学习的监督，像任浪，我习惯称呼她为"浪总"，每次长时间不去校区，就会被浪总在线上点名，然后我就被"捉"到校区去上课。时间长了，我逐渐发现了课堂上的风景，看着许多前辈即使畏惧，即使没讲好，即使颤抖，也仍然坚定地一次次走上讲台，寻求突破和改变，我很感动，我开始要求自己像他们一样勇敢，奋勇向前。这些人自带光芒，他们的光，终于照到了我身上。多位老师的鼓励和教导，每一位同学的努力和坚持，加上所有人都对我说"一定可以"，我的信念被重塑了。

后来，我越来越敢上台，即使忘词，与大家干瞪眼，也没有放弃过。丢人又如何？我倒是想看看自己丢人能丢到什么程度。我相信自己一定可以，我用了很多时间去校区上课，有时是周末，有时是工作日晚上,有时请假也要来,享受老师和同学们共同打造的超强能量场,享受我们燃烧起来的激情,我越来越想拥抱这个世界了。

2023年12月31日,在大课成果展示的8分钟里,我的演讲很顺利。当我说完谢谢,看着大家满面笑容地拿着鲜花,边走边夸地将花送给我时,我的心被祝福和喜悦填满,这是一场身心的极致体验。我享受这一刻,好像这两年时间的全部努力,在今天都结出了果。

我越来越热爱登台的活动,后来多次报名担任活动的主持人,参加舞台剧、脱口秀、演讲等各种各样的活动,并在其中乐此不疲。与其说热爱活动,不如说我开始感受和热爱这个世界。

感恩一切好与不好的事情的发生,感恩遇到的每一个人,感恩没有堕落的自己。

请相信自己,我们都是最棒的。

请相信自己,我们都是最棒的。

跨越山海,
终见曙光

南　逸

尤尼克斯羽毛球专业装备提供商
最具突破导师
畅销书作家

大家好！我是南逸。我将以传奇篇章主人公的傲然风姿，为诸位缓缓揭开一段鲜为人知却又极具震撼力的非凡历程。

在邂逅新励成这一神奇平台之前，我曾坚定不移地认为自己的性格宛如亘古不变的巍峨巨岩，坚不可摧，绝无转变的可能。然而，一场面试的铩羽而归，恰似命运那诡秘莫测的无形巨手，悄然将我引向了新励成。彼时的我，决然未曾料想，这一抉择竟如同一把魔力超凡的神奇钥匙，轰然开启了我人生中的一扇华丽蜕变之门。

当我有幸踏入晓健老师的领导力口才课堂，并荣膺班长之位后，仿若有一股神秘雄浑且汹涌澎湃的力量，宛如奔腾不息的汹涌潮水，滔滔不绝地灌注到我的灵魂深处。自此，无论是置身于忙碌喧嚣的工作旋涡之中，还是周旋于纷繁复杂的生活琐碎之间，我皆如熊熊烈火，周身洋溢着积极向上的蓬勃朝气与勇往直前的无畏胆魄。**面对挫折与困境，我亦能镇定自若，恰似一艘在波涛汹涌、狂风怒号的浩瀚沧海中精准觅得正确航向的坚固巨轮**。究其根本，领导力口才课程教会我们，领导者需要勇挑他人难以承担之重任，无论何时何地，皆要保持巅峰之态，以积极乐观之姿去感染自身以及身边的众人，勇敢无畏地直面工作与生活中的重重艰难险阻。

领导力口才课程宛如一把蕴含神奇魔力的钥匙，它帮助我与同学们无畏地冲破了内心深处的重重恐惧藩篱，使我们变得愈发自信且充满无穷力量。在这一课程的舞台上，我们携手并肩，共同拼搏奋进，虽未斩获那至高无上的荣耀桂冠，但亚军何尝不是一种令人敬仰的无上荣耀呢？恰似在电竞比赛、体育赛事的激烈角逐之中，亚军虽会被冠军那璀璨夺目的耀眼光环所遮蔽，但他们同样挥洒了无尽的心血与汗水，为国家、为团队赢取了荣光。每个人的辛勤付出皆值得被铭记，他们皆在这一历程中绽放出如星辰般绚烂的光芒。于这课程的浩瀚天地里,每一个小组、每一个个体皆完成了令人瞩目的突破与蜕变,这段经历无疑是我们人生中最为珍贵且熠熠生辉的宝藏。

接下来,我将以两段经历,为大家介绍我的 DISC 性格里的黄色特质从 1 至 2 的奇妙变化历程。(对于不太熟知 DISC 的朋友,在此略做解释。DISC 乃是一种广泛应用的性格测评工具,它将人的性格精细划分为四种类型:D 型代表支配型,具有强烈的力量感与明确的目标导向;I 型代表影响型,满溢着活力与激情;S 型代表稳定型,温和友善且极具耐心;C 型代表谨慎型,执着且注重细节、追求完美。而黄色在 DISC 中对应的正是 D 型,意味着力量感与目标感,而这恰恰是我往昔欠缺的关键特质,期望大家能在后续故事中看到我的蜕变成长。)

先讲述第一段经历吧,包含三次落泪,那着实是一段饱含感动与泪水、令人刻骨铭心的难忘记忆。

初次落泪,或许是我在为自身那如汹涌波涛般起伏跌宕的情绪苦苦探寻一个合理恰当的解释。北京上地校区领导力口才课上一位同学的举动,仿佛一块巨石迅猛地坠入我的心湖,深深触动了我内心深处的那根敏感琴弦。出于对其隐私的保护,我不便提及他的尊姓大名。听闻他在徐豪老师的课堂上,都未能上完整个课程,可在晓健老师的课上,他却如顽强不屈的英勇战士,咬牙坚持了下来。当他的身影如希望之光出现在课堂之上的那一刻,我的内心瞬间涌起一股温暖的洪流。或许是因为情绪太过激动,难以自抑,在我们小组上台展示之际,我出现了失误,未能跟上大家的整齐节奏。此时正处于提问环节,有一位与我相识的同学向我们组长询问如何帮助我成长进步,奈何这个问题并非晓健老师所期望的,所以最终被无情否决。那位同学还特意给我发短信道歉,当我目睹短信的那一刹那,泪水再也无法遏制,如决堤般汹涌而出。然而,我竭力克制着自己的情绪,我的组员们丝毫没有察觉到我的异样。我仿佛一座隐匿着情感风暴的宁静岛屿。我为自己的欠佳表现而自责难过,同时鼓励自己要在后续的征程中表现得更为出色。

第二次落泪是在次日夜晚的淘汰环节。当晚我被组员们淘汰,起初我并无特殊的感觉,因为我原本便做好了被淘汰的心理准备。可当老师让每一位淘汰者分享一下自身的情绪时,老师将目光投向我,眼神中满是疼惜与怜爱,他缓缓说道:"倘若不经历这些,你便不会成长蜕变。"听闻此语,我的内心突然涌起一阵如汹涌海浪拍击礁石般复杂繁乱的情绪,五味杂陈,很不是滋味。下台之后,我再也无法压抑内心如潮水般汹涌的情感,泪水如奔腾不息的江河肆意流淌,可组员们依旧未曾发觉我的悲伤,我仿佛一个在幽暗中独自啜泣的孤独灵魂。

第三次落泪是在晓健老师的课堂上。我对咨询老师说:"晓健老师有一种仿若父亲般的温暖与威严。"上课前,我添加了晓健老师的微信,他告诉我,那天清晨,咨询老师给他发了消息,还询问我的状态怎么样。得知老师对我的关心后,我的泪水不受控制地落下,而且此次是在全班同学面前。

我欲赠予大家一句话:"努力拼搏过,即便失败了,亦不会留下遗憾。" 在未来的工作征程中,我们定会比当下更为出色,因为我们已然拥有了前行的勇气与自信。故而,大家莫要惧怕困难,莫要畏惧舞台。当我们再度上小课之时,务必彰显我们在领导力口才课程中所锻炼出来的超凡状态,持续不断地超越自我,勇敢无畏地勤加练习。我们要坚信自身蕴含着无穷无尽的潜力,只要敢于奋勇挑战,便能缔造奇迹。

  课程后的打卡环节意义非凡。打卡的方式不拘一格,可以是每日记录自身的成长点滴、分享自身的感悟心得或者进行简短精练的演讲练习。借由这种方式,我们能够持续不断地巩固自己在课程中所领悟到的知识与技能,持久维系在课程中所获取的满满能量。当这种能量在我们体内源源不断地流淌时,我们在上小课之际便能展现出卓越学员应有的非凡风采,在日后的工作与生活中亦能成为充满正能量的楷模典范。我们会以自信满满的姿态直面各类挑战,勇敢无畏地表达自身的想法与见解,以我们的正能量去感染身边的每一个人。

  接下来,便是第二段经历。它发生于 2024 年 6 月,那是一段宛如梦幻的奇妙旅程。

  我们在沙漠领导力课程中度过了一个令人终生难忘的夜晚,亲身体验了一项名为"穿越生死线"的极具挑战性的活动。我们经历了两次失误,每一次失误皆意味着要重新开启征程,但我们并未因此而气馁沮丧,大家团结一心,每一个人皆如警惕性极高的哨兵般全神贯注、集中精力,彼此提醒。要帮助团队——雄鹰队成功穿越"生死线",需要有一名成员滞留于"生死线"的那一侧。教官神色凝重地说道:"总有一个人要做出牺牲,你们是选择与队友并肩同行还是牺牲自我?"队长毫不犹豫地回应道:"我来'牺牲',大家安然无恙,我便安然无恙。"**我坚信,那个夜晚,每一位听闻此语的勇士皆深受触动,我们团队的凝聚力在那一刻攀升至巅峰,仿若一座巍峨耸立、直插云霄的雄伟山峰,矗立在广袤大地之上。**

  在这段旅程中,雄鹰队的故事是我的成长见证。

  在"幼年雄鹰"阶段,于选择队伍之时,我单纯地希望能与莹芳同处一队。从 DISC 的视角审视，我们队乃绿蓝大军，性格等诸多因素致使我们慢热。起初，我们怀揣着玩乐的心态，并未寻觅到团队成员的契合之处。在众多项目里，我们皆未获得分数，我于团队之中仿若一个隐身之人。譬如在接扔水瓶项目中，我始终无法精准捕捉到队伍的节奏，感觉自身与团队有些格格不入。

在"青年雄鹰"阶段，沙漠竞速项目里，我的身体状况给团队招致了诸多麻烦。彼时我得了肺炎，刚有好转，体力不支，严重拖慢了队伍行进的速度。但我深知，这绝不能成为我拖累团队的理由，我坚信大家皆具备争夺更好名次的能力。竞速结束之后，队医判定我的身体状况不适宜继续跋涉，我自身亦感受到了不适，原本打算检查完毕后与队伍一同出发，可待我检查完毕，队伍已然远去。我就这样遗憾地错失了与队伍一同进行 10 千米徒步的珍贵机会，当时我的内心满是愧疚与难受，仿若被层层乌云所笼罩的天空。在队友抵达 10 千米补给站后，我拒绝了队医的提议，坚定地选择与队友同行至篝火晚会现场。我依旧清晰地记得晓健老师在开营之际对我说的话，他要我成为队伍的坚实支柱，我却拖累了大家。在小组内部总结之时，我哽咽得难以言语，那种自责的情绪几乎将我淹没。最终，我主动请缨，作为代表上台发言，却依旧未能把控好自己的情绪，此次的哭泣是为了团队，与领导力口才那次的哭泣有截然不同的意义。

在"成熟雄鹰"阶段，蜘蛛行项目中，我们队再度荣获第三名的佳绩。我们当时是最后一个选择爬行地点的队伍，却能跻身前三。实际上我们本应是冠军，只因对规则的疏忽大意而耽误了宝贵的几秒钟。随着团队凝聚力的持续提升，我们在沙漠竞速和蜘蛛行这两大项目中皆斩获了不错的名次。尤其是在蜘蛛行项目里，我能明显感觉到我们团队的思路愈发清晰明了,仿若一条澄澈见底的溪流在山间潺潺流淌。虽说我们未夺得冠军,但在我心中,雄鹰队便是最为出类拔萃的。此次沙漠之旅令我深刻领悟了坚持的意义,亦使我意识到了意志力与执行力的重要性。再勇猛无畏的雄鹰亦需要一个栖息的归宿,而我们团队便是我的心灵港湾。我们每个人皆能彼此接纳、相互信任、不离不弃,这便是我们团队的核心力量源泉。我由衷地感激我的队友们,此次沙漠行让我的目标感愈发强烈。在之后遭遇骨折、工作上的诸多不顺时,我皆能以更为积极乐观的态度去坦然面对。虽说此刻我尚未彻底走出工作的低谷,但我坚信,只要积极应对,曙光必将出现,正如华为余承东所言:"跨越山海,终见曙光。"只要大家齐心协力,努力拼搏奋斗,美好皆会在前方静候大家。

这些经历仿若璀璨夺目的星光,照亮了我前行的漫漫征途,希望我能为每一位朋友带来积极向上的磅礴力量,激励大家在各自的人生旅程中勇敢无畏地前行,持续不断地突破自我,实现华丽蜕变,犹如展翅高飞的雄鹰在广袤无垠的蓝天下自由翱翔。

只要大家齐心协力，努力拼搏奋斗，美好皆会在前方静候大家。

从口才蜕变到个人IP塑造

唐开杰

资深银行人
科学发声指导老师
心理咨询师

在现代职场中，口才不仅仅是沟通的工具，更是开启机遇大门的钥匙。它能让我们在职业生涯中脱颖而出，在复杂的人际关系中游刃有余，实现个人价值的最大化。回望过去，直到2020年，我仍深陷口才不佳的困境：站在台上，紧张得双腿发抖，吐字含糊，逻辑混乱；面对质疑时，也因为缺乏勇气而无法反驳。然而，我深知，成长需要突破，于是，我加入了新励成，通过专业的指导和科学的训练，开始了口才的提升之旅。最终，我练就了清晰、有逻辑的表达方式，步入了个人发展的新阶段。

01

开口讲话：突破自我，迈向魅力表达之路

(一) 走出舒适区：改变从不习惯开始

许多人因恐惧或不自信而沉默，陷入自我限制。真正的蜕变始于勇敢走出舒适区，正如阿姆斯特朗在登上月球的那一刻，说："这是我的一小步，却是人类的一大步。"突破自我应从与身边人交流起步，克服羞怯紧张，让语言自然流畅。每一次开口都是向自信迈进，如涓涓细流汇聚成海，习惯开口讲话，表达能力便会悄然得到提升。这股力量将化为沟通桥梁，引领我们跨越挑战与机遇，拥抱更广阔的世界，实现自我成长与蜕变。

(二) 五何公式：构建引人入胜的故事框架

讲故事时，清晰结构不可或缺。运用**五何公式（何时、何地、何人、何事、何故）**，能使故事生动且具有层次感。比如新闻报道的中国宇航员执行太空出舱任务,2024年某月某日,在距地球数百千米的太空,宇航员张某等执行出舱任务,其间遭遇太空垃圾撞击等意外,但他们凭借过硬技能和顽强意志,成功完成任务。何故会如此?是因为他们平日的艰苦训练以及对航天事业的执着追求。这种结构化的讲述让故事扣人心弦,也使表达充满张力。掌握此方式,我们的讲话内容会更紧凑有力、层次分明,引发听众的强烈共鸣。

(三)五觉公式:用语言让感官有多维体验

精彩演讲并非单纯的语言堆砌,而是能唤醒听众的感官。利用**五觉公式(视觉、听觉、触觉、嗅觉、味觉)**,可使听众身临其境。描述春天时,让触觉感受春风的温柔,让嗅觉捕捉泥土气息与花香,为视觉呈现绿意景象,甚至让听众"尝"到空气的清新。如此表达,让语言层次丰富起来,激发听众的感官共鸣,使其内心深处与故事相连。全面调动五觉,讲话会更具吸引力,让听众情感与思维深度共振,增强感染力和记忆点。例如,"抬眼望去,树叶五彩斑斓(视觉),风拂过,沙沙作响(听觉),带来泥土气息与花香(嗅觉),触摸叶片,感受其柔软(触觉),仿佛空气都带着清新的味道(味觉)"。

02

言之有物:知识积累与表达深度

(一)百日精读:为讲话增添智慧

持续的知识积累乃提升讲话深度之关键所在。开展百日精读活动,既能构建个人专属知识库,又可汇聚丰富观点、案例与金句。

每日坚持无疑是对自身成长的有力投资。精读并非单纯、被动地接纳知识,实则是主动思索与转化的过程。运用批注、思维导图等方式,能深化对内容的领悟,将其融入自身话语体系,塑造清晰有序的知识架构。如此一来,讲话更具深度与逻辑性,知识运用自如,表达的感染力与说服力得以提升。每一次精读与总结,都为精彩演讲和高效沟通筑牢根基,帮助我们在职场中崭露头角。

(二)结构化萃取:让讲话条理清晰,逻辑严谨

讲话清晰需借助结构化的知识萃取,采用 TPAP 四步法(理解、总结、提炼、呈现)极为关键。它可让信息从杂乱变得有条理,使讲话精准有力,结构化思维还能规避冗余、保证逻辑清晰,比如运用过去、现在、未来公式展示话题演变就很有效。黄漫宇在《结构化表达》里提到的 PREP 结构(观点、理由、例证、总结)、CABC 框架(结论、分析、建议、结尾)以及 MECE 原则(相互独立、完全穷尽)等众多实用表达框架也很有帮助。这些方法帮助我们清晰表意,避免混乱,增强表达逻辑性与说服力,让信息精准触达听众,优化沟通成效。

(三)写卡输出:知识转化为行动,增强讲话的生动性

写卡输出是一种将零散知识转化为可用语言工具的有效方法。通过卡片笔记,我们可以将书籍或文章中的精华和灵感提炼出来,并通过定期回顾,建立各个知识点之间的联系,形成自己的知识体系。这些卡片不仅是知识的积累,也是我们讲话时的重要资源。卡片的结构通常包括原文摘录、概念转述、个人体验和行动导向。通过这种方式,我们不仅能增加讲话的深度,还能在实际交流中更加流畅地表达自己的思想。每一张卡片都是对知识的内化,使我们在

讲话时更加自如地应用这些思想,提升表达的逻辑性和说服力。

03
长时间讲话:持续吸引,展现无尽魅力与耐力

(一)通俗易懂:打破语言障碍,建立有效沟通

语言通俗易懂是吸引听众的首要因素。卡耐基告诫我们,专业术语与复杂表述易使听众困惑,阻碍交流。欲真正打动听众,需以简洁话语诠释复杂观点,精准传递信息,增进理解认同。讲话时,摒弃晦涩词汇与冗长句子,力求清晰直接,让听众紧跟节奏。不管是演讲、会议还是日常交流,简洁语言有利于建立与听众的联系,强化沟通成效与感染力。简化表达可规避误解,彰显真诚专业,赢得听众的信任与支持。

(二)持续输出:多维度提升讲话的吸引力

要持久吸引听众,内容与技巧需并重,且明白讲话目的。讲话旨在让人知、令人信、动人情、促人行。先以清晰有力的内容使听众懂观点、传信息,再凭严谨论证令其信论点。技巧方面,用生动的比喻与恰当的肢体语言增强感染力,打动听众,用持续的眼神交流与语气变化让听众保持专注、增添动力。讲话还应有引导性,促使听众行动,达改变之效。融合内容深度与表达技巧,既能引听众注意,又可激发其信任,最终推动其付诸行动。

04

觉知表达:从内而外的自我提升

(一)自我觉知:掌控声音与情绪,提升表达品质

讲话之际,自我觉知犹如灯塔,照亮表达之路。清楚自身音调与节奏,掌控情绪波动,乃提升表达水准的核心要素。当情绪如汹涌波涛时,借深呼吸或短暂停顿之法,恰似驾驭狂风巨浪的舵手,能使内心归于平静。如此一来,讲话方能清晰流畅且富有成效,仿若搭建起一座无形桥梁,与听众之间缔结更为紧密的情感纽带,使交流如春风化雨,沁人心脾。

(二)环境觉知:因地制宜,灵活应对

讲话时需洞悉,场合与听众各异方式亦应灵活变换。面对不同类型之人,应基于其情感需求和背景巧妙调整。如与长者交流,宜谦逊有礼;与同辈沟通,可亲和随性。唯有深入了解且尊重听众需求,方能搭建起沟通的坚实桥梁,实现高效交流,让话语如钥匙,精准开启每一位听众的心门,传递信息,引发共鸣。

(三)内容觉知:精准用词,确保表达的精确性

讲话之精髓,在于用词精准无误。于正式演讲之舞台,当力避含混不清之语,审慎遴选恰如其分的词汇,使思想得以准确传达。恰似巧匠精心雕琢美玉,每一词皆承载关键意义。同时,严谨的逻辑架构与清晰的条理结构,如坚实梁柱支撑起讲话的整体框架,确保演讲铿锵有力,掷地有声,从而深深烙印于听众心间。

05
打败成长路上的三只"拦路虎"

张龙老师在影响力导师班上讲过,成长路上有三只"拦路虎":我不配、我不能和我不做。

(一)我不配:自信缺失的枷锁

生活中,许多人有"我不配"的观念桎梏,陷入自卑泥沼,如因自卑错过爱情,他们像黯淡星辰,遇美好便退缩,错失诸多机遇。人生需靠自信领航,我们应相信自己如独特星辰,值得一切美好。爱默生讲自信是成功的秘诀,它源自对自身价值的深刻认识。满怀自信,就似身披铠甲,纵前路荆棘,亦能无畏向前,紧握机遇,绽放生命华彩,勇敢追逐成功与幸福。

(二)我不能:自我设限的藩篱

成长之路曲折,许多人陷入"我不能"的泥沼,以现有能力与认知自我设限,如井底之蛙般难见广阔天空,错失成长良机。面对挑战,"我不能"的念头阻碍其前行。能力提升需主动作为,不能只看当下,应如壮志旅人,凭信念与憧憬规划未来,在学习实践中挖掘潜力。如此,机遇来临时,就能以强大能力将"我不能"变为"我能行",实现华丽转身,拥抱成功。

(三)我不做:行动缺失的阻碍

改变之路布满荆棘,许多人畏惧不前,陷入"我不做"泥沼。他们只看到改变的痛苦,忽略机遇与成长。其实,生活中的表达和沟通问题所带来的痛苦是改变动力。要挣脱束缚,需找痛点,如在公众场合发言紧张等。尼采说过,痛苦能让人强大。痛苦如火焰点燃斗志,赋予决心。每一次挣扎都是磨砺,突破就是超越。将痛苦转化为动力,就能冲破枷锁,在成长路上坚定前行,书写辉煌。

06

打造个人IP:塑造独特形象,实现品牌价值

(一)精准定位:深刻认识自己的核心竞争力

罗依芬在《个人经验萃取》中指出,构建个人IP分三步:盘点高光时刻,萃取优势经验,打造爆款产品。当下已步入"结果付费"时代,个人IP的打造首先在于精准自我定位。剖析特长、兴趣与市场需求,明确核心竞争力,方能在自媒体浪潮中崭露头角,吸引目标受众。无论是写作专长、沟通优势还是领域见解,清晰定位都是"吸粉"关键。唯有靠个人特色与优势铸就独特IP形象,方可在信息洪流里站稳脚跟,收获广泛影响力与认可。

(二)形象塑造:展现个人魅力,助力IP成长

个人形象堪称个人IP的招牌,左右着他人的初始印象。言行、穿着等细节皆影响个人魅力与价值。演讲时,数据显示文字仅占7%的影响力,语音、语调占38%,肢体动作占55%,个人形象尤为关键。借助情商管控、适宜着装与沟通技能提升,能塑造自信、专业且亲和之态。这既能增强沟通影响力,又能提升品牌魅力与辨识度。不管演讲、会议还是日常交流,个人形象塑造举足轻重,关乎职场与社交机遇获取。故而,提升形象,既是自我素养提升的表现,也是打

造个人品牌的关键环节。

(三)持续发展:多维策略保障个人 IP 稳健发展

个人 IP 若要持续发展,内容的持续创新与输出乃重中之重。定期推出有深度、有价值的内容,既能留住受众,又可强化品牌影响力。同时,技术创新与品牌营销也是打造个人 IP 的关键要素。持续优化内容、形式,提升传播效能,紧贴市场需求,使个人 IP 保有竞争力,稳步向前。内容输出会倒逼输入,促使我们不断学习进步,形成良性循环。如此,既能提升个人 IP 的核心价值,又可推动其持续进化,成就长久的影响力与品牌效应。

如此,既能提升个人IP的核心价值,又可推动其持续进化,成就长久的影响力与品牌效应。

逆境重生，
觉醒之路

丁 慧

装饰公司创始人、设计总监
新励成影响力卓越导师
国学爱好者

我是丁慧，一名"90后"创业者，独立设计师，也是一位女包工头，做室内设计、空间改造、家具软装、色彩搭配、艺术陈设。最开始，我对室内设计这个行业不是很懂，但因为很喜欢，于是就在上大学的时候选了这个专业。上大学期间，我参加了很多比赛，荣获中国建筑学建筑师分会中国环境艺术青年设计师作品展优秀奖、江苏省都市家居"中国梦·室内设计师大赛"优秀奖。后来读了研究生，取得了艺术设计硕士学位以及高级室内设计资格证书。

2016年，我来到北京参加国际家居设计节，并在一家装饰集团实习，当时负责给全国28家分公司培训。后来为了学习更多专业知识，我去了庐山进修，学习软装，又到广州、深圳参加展会，学到了很多东西。硕士毕业之后，我去云南旅行，玩了半个多月，在云南住了很多民宿，觉得那些民宿都设计得非常好。当我再回到北京的时候，就决定要设计改造民宿，于是就走上了我的创业之路……我跟很多想开民宿的老板合作，那个时候一个月最多做了五六个项目，经常熬夜加班，甚至睡在工地上。做了很多项目，也吃了很多苦头，后来又开始做售楼处、样板间、别墅豪宅、办公餐饮等商业空间项目，截至目前，我参与过的室内装修改造项目的总额有一千多万元，累计服务过近200个家居及商业空间，让室内空间变得更舒适、更美观。现在，我创办了自己的公司，并担任公司的设计总监。

虽然取得了一些小成绩，但是在这些年里，由于自身的问题，我也遇到了很多的困难与坎坷。

01
认识自己的不足

(一) 改变不良习惯, 杜绝熬夜, 从早睡早起开始

你是否爱熬夜, 一刷手机刷到深夜, 然后第二天早上起不来, 一天都昏昏沉沉、无精打采的? 一直以来, 我都是个"起床困难户", 因为做设计, 晚上经常加班熬夜, 所以特别嗜睡, 一天能睡十几个小时。我还有严重的拖延症, 不到最后一刻不着急。这个是我从小就有的臭毛病, 明天不开学, 今天就不写作业; 明天不考试, 今天就不看书。这个不良习惯让我吃了很多亏, 例如, 赶不上高铁、错过飞机航班, 然后不得不又去买一张票, 花了很多冤枉钱。由于早上起不来, 再加上出门慢, 特别磨蹭, 导致经常迟到, 这也是我不愿意打工而选择创业的原因之一。虽然偶尔很早醒来了, 但是没有进入状态, 只想玩手机。没洗漱, 没吃早饭, 躺着工作, 我自以为是地觉得自己很厉害, 不用像打工族一样, 每天挤地铁、挤公交, 躺着就能办公, 然而现实给了我很多记响亮的耳光。2024 年, 我 31 岁了, 突然觉得不能再这样躺平下去了, 否则只是徒增年龄, 于是我决定发起一个早起训练营, 刻意训练, 让身边的同学、朋友们每天监督鞭策我, 起不来我就惩罚自己, 给大家发红包。**因为创业的人才更应该早起, 以身作则, 否则只会越创越穷。**

(二) 拒绝拖延, 凡事立刻执行, 主动出击, 提高做事效率

由于自己的懒散拖延, 导致工作时做事情不积极主动, 甚至新的客户、新的项目到了我这里, 由于我迟迟不去做, 一直拖着, 也不跟客户沟通联系,拖一个星期才开始沟通,客户赶时间,早已找别人做了,还觉得是我没有看上这个项目。这种事情在我身上已经发生过很多次了,例如足疗店、日料店、大户型家装等很多项目和机会,就这么硬生生地被我错过了。送到嘴边的饭都不吃,我深感可惜。于是我陷入了沉思,开始反省自己。时间就是金钱,尤其是开店的客户,人家不可能一直上赶着找你、等着你。机会永远都留给有准备的人,我要学会主动出击,对待新的客户要勤关心、多沟通、多联系,不能等着客户找我,尤其是在这个"狼多肉少"、竞争激烈的时代!一定要抓紧时间,抓住机遇,做事要快,要立刻行动,提高效率和执行力,否则将错过很多生意,机会来了也抓不住。

(三)保持高能状态,做好时间管理,凡事提前到

还记得自己有一次跟客户约好11点见,结果我又没按时到,快12点了才到,被客户说,几点了,不靠谱!增加了信任负值。其实我也不想迟到,但因为自己没有时间观念,一看手机就被别的消息干扰了,时间就在指缝中悄悄流逝了,等回过神来,发现都11点了,然后又开始悔恨,找借口,觉得晚点去也没事。其实不管是做大事还是小事,没有时间观念就会让人感觉很不靠谱,耽误了自己的时间,还耽误了别人的时间。人家就不敢把事情交给你,怕你总拖延,耽误事,完不成任务。如果实在按时到不了,就提前跟人家说一声有事情,晚一点到。

(四)每天练习口才演讲,提升自己的多维能力

其实在来新励成之前,我一直都不敢当众讲话,平时参加活动总是坐在角落里,默默无闻。直到有一次我被美克美家邀请参加合作交流,与我一同参加的还有几个设计师,我们到大会议室里与老

总见面会谈,挨个上台介绍自己。看到别人在台上侃侃而谈,还带着PPT做了案例分享,我低下了头,瞬间感觉自己失去了信心,觉得自己比别人差很多。我没有做任何准备,也没有带PPT,无法做案例展示分享,就简单地做了下自我介绍,草草敷衍了事,记得我当时面红耳赤,心跳加速,说话时都在发抖。我做了DISC性格测试之后,发现自己是红色和黄色性格的人,喜欢挑战,喜欢热闹,私下与人交流沟通的时候也没那么不自信。我曾经在太平洋上空开过飞机、玩过跳伞,连这些极限运动都不怕的人,不知道为什么在面对很多人讲话的时候就开始紧张、不会说话了。此后,我决定一定要提高自己的口才演讲能力,于是上了新励成的卓越课程。后来,我开课了,目前是新励成影响力导师班大讲堂的卓越导师,参与了轻读书会的舞台剧《下江南》的演出,还成为百日团宣传大使兼副团长,并加入了地方作家协会。

(五)学习金融知识,规划自己的财务

曾几何时,我是一个花钱非常大手大脚的人,没有金钱观念,总是存不住钱,再加上近几年项目上出了些问题,赔了不少钱,还有很多没收回来的钱,导致我的生活和事业一度陷入低谷,处于负债状态。人在低谷期的状态往往是非常低迷的,你会发现自己失去了信心,对很多事情都提不起兴趣,甚至陷入迷茫,不知道该何去何从,心态崩塌。直到2024年,我的一个客户阿姨说关注我很久了,看我特别爱学习,学过茶艺、口才演讲,觉得我非常优秀,所以非常看好我,叫我来中国平安工作。一开始我是拒绝的,觉得自己不适合,后来阿姨不断地鼓励我,点燃了我,于是我决定开始学习金融知识,哪

里不足,就训练哪里。现在,我成了一名财富管理规划师,希望未来能够帮助更多的家庭。

02
知行合一,唯有改变才能变强

前段时间,我听了玉超老师在年会上的分享,关于如何打造自己的稀缺性的内容让我醍醐灌顶。时间管理、口才演讲、金融财务……当一个人具备了多维能力之后,就能做多维事业,就变得很稀缺了!只有成为行业第一,才能让别人记住你。

大家都懂大道理,但为什么有人越来越好,而有人却越来越差呢?最重要的是要知行合一,要去改变,认识到自己的缺点之后,要去刻意地训练自己。没有随随便便的成功,观察很多成功人士,你会发现他们无一例外都非常的自律,严格要求自己。身处逆境时,不要消沉,静下心来好好反思,从自身找原因,多问自己为什么:为什么好?为什么不好?找出自己的缺点和不足。只有认识自己,开始觉醒,并作出改变,状态才能提升,运气才会变好,才能够更快速地成长和蜕变,重获新生。

只有成为行业第一,才能让别人记住你。

逆境中的华光

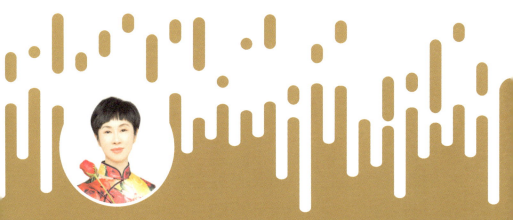

付燕华

俪普颂护肤品牌创始人
汇一登顶生物科技投资人
汇一登顶大健康平台创始人

在这纷繁复杂的世界之中,每个人的生命轨迹宛如一条蜿蜒曲折的河流,时而仿若平镜,波澜不惊;时而恰似汹涌怒涛,澎湃难息。我,付燕华,一个祖籍湖南岳阳、现居天津之人,我的人生之河曾一度出现狂暴的旋涡,几近将我彻底吞没。然而正是那些充满艰辛与困苦的岁月,磨砺出了我如今的坚毅与刚强,使我得以从一位深陷绝望的主妇,蜕变成为掌握科学方法、健康美肤行业的领军人物。

01

风雨将至,平静表象下的汹涌暗流

2007年的春天,本应是大地回春、万物焕发生机之际,然而对我而言,这个季节仿若一个不期而至的凛冽寒冬。我的先生,那个曾是家中的坚实梁柱、那个始终以笑容直面风雨的男子汉,突然身患重病。一场重病,仿若一场冷酷无情的飓风,不仅卷走了我们在日本辛苦打拼七年的全部积蓄,更将我们原本安宁祥和的幸福生活瞬间摧毁。

在往昔岁月里,我们克勤克俭,一厘一毫地积聚着对未来的憧憬与希望。可命运似乎总爱捉弄世人,正当我们满心以为一切皆朝着光明顺遂的方向前行时,却被它狠狠挥出的一记重拳打得晕头转向。先生每年需二十余万元的高昂医疗费用方可维持病情稳定,这对于一个普通的家庭而言,无疑是一座难以逾越的巍峨高山。两个年幼的孩子,一个年仅六岁,一个才四岁,他们那澄澈的眼眸中溢满了对世界的好奇以及对父母的深切依赖。而我,作为家中的女主人,只能强撑着,佯装坚强,成为他们遮风挡雨的温暖港湾。白昼时分，我如陀螺般辗转于工作与医院之间，疲惫不堪；夜幕降临，我则独自在黑暗中默默承受内心的惶恐与不安，泪水潸然滑落。那段时光，我仿若在无尽的幽暗中踽踽独行，看不见丝毫曙光。

02

身体拉响警报，灵魂开始觉醒

2011年，长期的精神重压与过度操劳，终于导致我的身体不堪重负，发出了声声警报。头晕目眩、眼干眼涩、心肌缺血……这些症状宛如一场无声的强烈抗议，警示我不能再如此肆意地消耗自己。前往医院检查后，我被确诊为多发性子宫肌瘤，且病情已接近手术临界线。那一刻，身体似乎在冷酷地宣告，倘若我再不做出改变，更为可怕的厄运将会接踵而至。面对这个诊断结果，我感受到了前所未有的绝望。我凝视着镜中的自己，面色蜡黄，发丝干枯，眼睛空洞无神，全然失去了生命应有的蓬勃活力。但我心中深知，我绝不能就此轻易放弃。我尚有家人需要守护，尚有责任需要承担，我绝不能因我的倒下而让他们陷入更深的痛苦，于是，我踏上了寻觅各种与健康相关的方法的漫漫长路。我尝试了诸多国内外的健康产品，耗费了大量钱财，亦在这过程中历经无数坎坷曲折。虽有些许成效，然而始终未能达到心中所期盼的理想效果，子宫肌瘤仍在持续发展，各类亚健康状态亦未得到良好缓解。**但我心中那希望的火种从未熄灭，我始终坚信，只要我坚持不懈地探寻，定能找寻到一条通往健康的光明坦途。**

03
邂逅贵人，命运迎来转机

2015年，命运之神终于对我展露出了一抹久违的微笑。那年，我的母亲因一次脑梗前来天津求医。在悉心照料母亲的过程中，我有幸接触到了一款由沈阳药科大学邓意辉教授精心研发的产品。这款产品仿若一道希望的曙光，瞬间照亮了我前行的黑暗道路。我与母亲使用该产品后，身体皆发生了显著的变化。母亲的脑梗症状得到了有效缓解，而我的子宫肌瘤亦有所缩小，整个人的精气神也焕然一新，这让我对邓教授及其团队产生了极为浓厚的兴趣。我通过各种途径深入了解他们后，前后多达十几次诚挚邀请邓教授莅临天津，为我们悉心讲解健康知识，让我得以深入学习他们的研发理念。邓教授是一位充满睿智与独特魅力的学者，他那渊博的专业知识以及严谨治学的态度令我由衷地钦佩，更让我为之折服的是他在药学领域持之以恒、不懈钻研且心怀大爱的高尚精神。在他的悉心指导下，我汲取了丰富的健康知识，并辅以饮食、作息时间以及心态的全方位调整。渐渐地，我的身体恢复了健康，精神状态亦愈发饱满，仿若重获新生。

04
果敢投资，梦想扬帆起航

2020年，邓教授为了更好地推动其研究成果的转化，毅然决定成立一家全新的公司。当他向我阐述这一构想时，我毫不犹豫地给予了全力支持，并果断卖掉了天津市河西区全运村的一套房产，将所得资金投入到新成立的沈阳汇一登顶生物科技有限责任公司。

此决定对于已年过半百且毫无商业经验的我而言，无疑意味着巨大的风险与严峻的挑战。但我心里清楚，倘若失去了健康，我谈何未来？我即便留存房产与钱财，又有何意义？我心怀感恩，深知唯有付诸实际行动，勇敢无畏地追逐梦想，方能实现人生的真正价值。我对邓教授及其团队满怀信心，坚信他们的专业能力与创新精神定能铸就更多的辉煌奇迹。

在我的坚定支持与邓教授的卓越引领下，沈阳汇一登顶生物科技有限责任公司成功申请商标 45 项，斩获发明专利 2 项，收获外观设计 1 项，完成著作权登记 6 项；亦拥有了多款独具特色的产品，从萃取纯露的精粹壶，到健康茶饮，再到不含聚乙二醇类物质的美肤品等等。我们满怀憧憬，期望在未来能有更多具有创新价值的健康产品闪耀问世。这些产品不仅在国内市场收获了广泛的认可与赞誉，亦逐步迈向国际市场，崭露头角。

05

开辟蓝天市场，搭建大健康平台

2024 年，伴随健康产业的蓬勃发展浪潮，我们毅然决定成立汇一登顶大健康平台。此平台旨在将更多优质的产品推向更为广阔无垠的市场，让更多的人能够受益于健康产业蓬勃发展所带来的福祉。为搭建此平台，我们倾注了大量的心血。我们组建了一支专业技术精湛的团队,专注于产品研发;同时成立了市场营销部、客服部等多个职能部门,协同运作。在平台运营过程中,我们始终坚持"以人为本,健康至上"的核心理念。我们高度重视产品的品质与效果,持续不懈地开发全新的健康产品。与此同时,我们亦极为注重客户的使用体验与反馈意见,不断对平台的服务与功能进行优化完善。期望通过我们的不懈努力,汇一登顶大健康平台能够赢得越来越多消费者的关注与青睐,让他们欣然选用我们的产品,使我们的品牌知名度与美誉度得以持续攀升。我们深知,每一位消费者的信赖与支持,皆是我们砥砺前行的强大动力源泉。

06

回首往昔,展望未来,传递力量与希望

回首过往的这些岁月,我心中感慨万千,思绪如潮。从一位平凡无奇的家庭主妇到如今的创业先锋,其间历经了太多的狂风骤雨、坎坷崎岖。然而,我从未对自己的抉择有过丝毫懊悔。因为我明白,唯有历经磨难与挫折的人,才会更加珍视眼前的幸福美好,才会以更为坚定的信念与不懈的努力去推动健康产业的创新发展,使之迈向更高的山峰。

在未来的漫漫征程中,我将继续引领汇一登顶大健康平台奋勇前行,为广大消费者提供更为全面、专业且贴心的健康服务,并进一步强化与消费者之间的沟通交流与互动,深入了解他们的需求与期望。我们绝非仅仅售卖产品,更是在传递希望的火种与奋进的力量。每一位消费者的认可与满意,皆是对我们最大的激励与有力支持。

我要对所有正深陷困扰与迷茫之中的人说：切勿放弃心中的希望之光，只要信念不灭，希望便如璀璨星辰，永不坠落。无论你当下身处何种艰难困境，都请坚信，只要心中怀揣梦想、坚守信念，便定能跨越重重艰难险阻，寻觅到属于自己的康庄大道，实现自我的价值。同时，我亦想对所有一直以来支持我们、信任我们的人深情致谢：感谢你们一路的不离不弃与鼎力支持，是你们的信任给予了我们勇往直前的动力与无畏的勇气。在未来的日子里，我们必将继续拼搏努力，为你们呈上更为卓越的产品与优质的服务，让你们的生活绽放出更为绚烂的健康与美好之花。

07

以梦为马，不负韶华

人生恰似一场奇妙的旅行，其意义并非在于抵达的终点，而在于沿途的迷人风景以及欣赏风景时的心境感悟。在这段波澜壮阔的人生旅程中，我历经了数不清的风雨洗礼，亦收获了无尽的欢笑与感动的泪水，我从未对自己的选择有过丝毫后悔。在未来的日子里，我将继续以梦为马，驰骋在追求健康与希望的广袤天地间，不负这大好韶华。我坚信，在众人的齐心协力之下，我们定能推动健康产业的创新发展，开创出一个更为光辉灿烂、美好的明日盛景。

因为我明白,唯有历经磨难与挫折的人,才会更加珍视眼前的幸福美好,才会以更为坚定的信念与不懈的努力去推动健康产业的创新发展,使之迈向更高的山峰。

向下扎根,
向上生长

张 宇

泰康养老规划师

01
结缘盛世

2024年8月份,我从北京的一家国企单位辞职。我与公司其他人辞职不一样,不一样在哪里呢?其他人离职都是找好了下一份工作或者是选择离开北京,结束"北漂"的生活,而我直到提出离职的那一刻都没有想好自己要做什么。是否要回老家河北?自己选择离职是否正确?从农村出来的我,离开北京这家国企单位以后,是否还能找到更好的单位?我很茫然,但不知道是什么力量驱使着我,让我毅然决然地选择了离职。

庆幸的是在我迷茫的时候,一位泰康公司的师傅主动找到了我,让我去面试。当时我不知道泰康是做什么的公司,只听到电话的另一端说他们是做养老社区的,我心里想反正现在没有工作,不如先去看看是什么情况。泰康的师傅向我介绍了泰康的企业文化,还讲了很多东西,都是积极向上的,特别鼓舞人,我只记住了两点:第一,公司是做养老的;第二,师傅的工资很高。于是,我就坚定地选择了加入。

加入公司后,我买了人生中的第一套西装,因为师傅要求我身着西装参加公司培训。入司后的第一周,我们新人什么也没干,专门学习保险知识,学习泰康的文化,了解泰康集团的董事长——陈东升,并且参观了我们公司在北京最大的养老社区——北京燕园。加入公司后,我才知道我们公司叫北京长安支公司,是北京20多个分公司中的一个,业绩最好的团队——长安盛世部就在我们分公司。在泰康流传着这样一句话:"泰康业绩看北分,北分业绩看长安。"

02
起心动念——保险企业家

长安盛世部有自己的团队文化,这是一个将企业文化和团队文化切实落地的团队。因为我之前工作过的公司也有企业文化、使命、价值观等,但这些都只是挂在墙上而已,没有人去落地,没有人去执行,但是长安盛世部不一样。在这里,有"盛世8条",这是团队的底线,任何人都不能触碰。我们在周一至周四的每天上午都要开大早会,周一是联合大早会,盛世部的所有经理和成员都必须参加。大早会不仅有人分享成功的方法和经验,还有人表演节目,如唱歌、跳街舞、表演武术等等,更重要的是有身价千万的团队长为我们赋能,给我们加油打气。我觉得这个是其他很多公司不能比的。在很多公司,普通的员工是很难接触到总经理的,但是我们做到了。领导们总称呼我们为未来的保险企业家,未来我一定能实现。

03
与时代同行——泰康方案

经过两个月的学习,我对泰康有了一个基本的认识。泰康有三大业务板块,分别是保险、全国养老社区(36城42项目)、投资。泰康方案就是通过三大业务板块,解决中国人的养老问题。泰康保险解决客户养老资金的问题,客户可以通过购买商业养老保险补充自己的养老金,解决养老金不足的问题。养老社区可以解决客户养老服务的问题。泰康在全国的多个城市都建有养老社区,各个城市的养老社区建筑风格都不一样,客户可以全国候鸟式、旅居式养老即在全国旅游养老。我们的养老社区都配有一家二级康复医院(马上就升为三级医院),解决养老社区的医疗资源稀缺问题。我们的养老社区是开放的老年大学,是客户温馨的家。这里有游泳馆、健身房、书房等,还有各种兴趣爱好社团,让客户从老年养老转变为老年享老,住得非常开心。

我们泰康还利用各个医院的医疗资源,给我们的客户提供就医绿通服务,可以帮助客户解决看病难的问题,如帮助客户去预约挂号,安排北京的专家为客户提供医疗服务。

04

社会趋势——人口老龄化、少子化

我国的人口老龄化越来越严重。时间不一定会成就一位伟人,但是时间一定会造就一个老人,这个是不争的事实。我们会逐渐变老,我们的医疗需求会越来越大,医疗资源会更加稀缺,泰康的就医绿通服务可以解决看病难的问题。少子化必然会带来劳动力的缺失,那等我们未来变老的时候,谁来照顾我们?谁来为我们提供服务?子女吗?现在大部分子女都做不到,一是没有时间,二是没有专业的医护知识。但是泰康方案做到了,它解决了这两个问题。

2024年,国家推迟了法定退休年龄,这表明国家的养老压力很大,所以国家一直在推进个人商业养老保险的发展。目前,我国的养老行业是一个朝阳行业,无论是从人口结构还是国家政策方面,都可以看出养老市场是一个蓝海市场。

05
达人成己——无我利他

我们有一个身份——健康财富规划师。之前,我有一个客户,她的孩子骨折了,当时情况非常严重,需要专家做手术,但是挂号特别困难,需要排队等一个月左右,相信大家都知道在北京的医院挂号是非常困难的,尤其是知名医院的知名专家的号,更加难挂到。这个客户启动了我们的绿通挂号服务,我们在3天内为客户挂到了专家号,安排了病房和手术。这个客户特别感谢泰康的就医绿通服务。我们的团队都是从客户的角度出发的,为他们提供服务。我们在为客户解决问题的同时,自己也得到了回报。我们这个职业做到了在成全别人的同时,也实现了自己的人生价值。

我们在为客户解决问题的同时，自己也得到了回报。我们这个职业做到了在成全别人的同时，也实现了自己的人生价值。